ノダ式

最速90日で
偏差値20アップは当たり前

要約力を鍛えると どんな子も「本物の国語力」が身につく

エズ・インターナショナル代表
野田眞吾

コスモ21

はじめに

お子さんの国語ができなくて悩んでいませんか。

塾に行っても国語ができるようにならない、問題集をやってはいるがいっこうに成績がよくならないという悩みをもっていませんか。

試験結果の良し悪しは時の運、問題との相性がよければ得点できるし、合わない問題の場合は低い点数になるのは仕方ないと思われますか。

中には、わが子の国語の成績は何をしてもよくならないとあきらめている方もおられるかもしれません。

もちろん、国語の勉強は何にもやっていないという場合は致し方ありませんが、塾に行き、問題集にも取り組んで一所懸命努力しているはずなのに、お子さんの国語の成績が伸びないとしたら、その理由は簡単です。

これまでの学習法が間違っているのです。学習法を間違えていては、いくら時間をかけてもそれはただ徒労に終わってしまいます。

私はこれまで三〇年間にわたって、中学受験生から大学受験生まで一五〇〇人以上の受験生を指導してきました。非受験学年の生徒も加えると五〇〇〇人はくだらないでしょう。その長い指導経験において、国語の力を最短でつけるにはこれしかないという学習法（指導法）を確立し、実践してきました。それが、**国語の問題集の問題文を要約する学習法**、すなわち〝**要約文学習法**〟です。

子どもの書いた要約文を見ると、その子の実力が一目でわかります。本文の大切なところがきちんと読み取れているかどうかはもちろん、指示語の内容を正しく理解できているかどうかもわかりますし、語彙力がどの程度なのかもわかります。

長年、国語の指導をしてきて、国語の成績がいい子で要約文の下手な子は見たことがありませんし、また国語の苦手な子で要約文を上手に書く子も見たことがありません。このように要約文を書く力がどの程度あるかが、子どもの国語力をはかる大切なバロメーターになるのです。

言い方を替えれば、要約文を書く力をしっかりつけていきさえすれば、子どもの国語力は間違いなく伸びていきます。それは、私の過去三〇年間の国語指導で出会った子どもたちが証明してくれています。

私は、国語ができなくて本当に困っている子に救いの手をさしのべることをライフワークとしています。一人でも多くの子どもたちが、この〝要約文学習法〟によって、それまで何をやっても点数の取れなかった苦手教科の国語を得意科目にするお手伝いをしたいと思っています。

この本に出合った親御さんが、「わかった！　できた！」と喜んで国語に取り組むお子さんの姿に巡り会うことを願ってやみません。

要約力を鍛えるとどんな子も「本物の国語力」が身につく　もくじ

2章　要約文学習法の効果を高める基本中の基本

3章　要約文を書いてみよう

4章　国語力を高めるもう一つの方法「語彙力アップ」

5章　テストの点数をすぐに二〇点上げる五つの方法

カバーデザイン◆中村　聡
書籍コーディネート◆小山睦男（インプルーブ）

1章

最速九〇日で一気に国語力を高める「要約文学習法」

本当に国語ができるようになりたいですか?

この本を手にとってくださった方の中には、お子さんの国語の成績がふるわなくて、学校や塾の先生に、いったいどんな勉強をさせたらいいのか聞かれたことのある方もいることでしょう。しかし、はっきりとした答えは返ってこなかったかもしれません。せいぜい、本を読ませましょう、漢字の練習をさせましょう、作文や感想文など文章を書く機会を増やしましょう、国語の問題をたくさん解きましょう、といったくらいだと思います。

しかも、言われるままお子さんにやらせてみたものの、なかなか国語の成績は伸びてこないし、何より子ども自身が「できない、わからない」と言うばかりで、何もやらなくなってしまうということさえあります。

もし、親御さんはもちろん、お子さん自身にも「本当に国語をなんとかしたい」という気持ちがあるなら、本書で紹介する〝**要約文学習法**〟をぜひ実践してみてください。「わかった！　できた！」という反応が出てきて、必ずお子さんの国語力は伸びてきます。

では、具体的に何を、どのようにすればいいのか、これから示していきますが、その前に、一つだけ心がけていただきたいことがあります。

それは、**はじめから上手に要約文を書けることを求めないでほしい**ということです。とくに受験が近づいていると、親としてはすぐ結果を期待したくなりますが、上手く書けなくてもまったく気にしないでください。

これは国語の学習に限ったことではなく、何だってはじめから上手にはできないものです。失敗しながらも、今、自分のもっている力を精一杯出して努力をすることが大切なのです。〝要約文学習法〟ならば、そうしているうちに国語の力は間違いなくついていきます。

同じことですが、子どもが間違うことを心配しすぎないでください。間違ったことを要約文に書いていても、気にする必要はありません。**親や大人が先回りして間違わないようにと教えてしまうと、子どもは間違うことでこそ学ぶことができる機会を失ってしまいます。**せっかく国語力の芽が出ようとしているのを親や大人が摘み取ってしまうようなものです。

保護者の皆さんが、お子さんが正答することばかり求めすぎると、子どもは間違えてはいけないと萎縮してしまって、正しい答えが思い浮かんでいても発言を控えるようになります。そして、どんどん自信を失っていきます。子どもには「伸び伸び！」やらせてくだ

さい。子どもが間違いを恐れず積極的に取り組むことができるよう応援してあげてくださ
い。

よちよち歩きの赤ちゃんに「速く走れないのか！」と叱る人はいません。よちよち歩きだっていいじゃないですか。時にはころんで、時には頭をぶつけて。

そんなことをくり返しながら、いつのまにか次第に歩けるようになるのですから。

「間違えた数＝伸びる機会の数」ということはよく言われることですが、まさしくその通りです。

勉強する過程では、どんどん間違えていいのです。**がんばってやろうとするからこそ間違える**のです。何もしなかったら間違えることはありません。間違えることを恐れていたら、お子さんは結局何にもしないほうがいいや、とあきらめてしまうかもしれません。

間違いは努力の証だと受け止めて、お子さんが要約文を書く学習を続けられるよう応援してあげてください。そうすれば、きっと国語はできるようになります。何にもしなかったら、お子さんはずっと国語ができないままです。

国語力を高めるもっとも効果的な方法〝要約文学習法〟

そもそも国語の勉強って何をどのようにしたらいいのかがわかりにくいし、学習効果もつかみにくいものです。中高生でも、漢字しか勉強の方法がわからないという生徒が多いことだろうと思います。

学校の先生に相談すると「授業をちゃんと聞くように」とか「問題集をやるように」などと漠然としたことを言われるだけですし、塾の先生に相談してもなかなか具体的なアドバイスはもらえないことが多いでしょう。結局は「もう少し様子を見ましょう」なんて言われて、なんとなくお茶をにごされておしまいになったこともあるかもしれません。

中には、国語力をつけるには「読書しかない」などと自分の授業を否定するようなことさえ言う先生もいます。「読書しかない」のだったら、生徒は授業なんか受けずに本を読んでいたほうがいいことになります。

私が三〇年近く教育現場で国語指導として一貫して行ってきたのが〝要約文学習法〟です。この学習法を実践すると、間違いなく国語力が高まりますし、偏差値二〇アップも当たり前のように起こります。このことは、私がこれまで指導してきた生徒たちが証明してくれています。

中でも、〝要約文学習法〟の効果をはっきりと証明してくれた生徒がいます。それは、私が高校で教員をしていたときに指導した女子生徒です。それまでは国語の偏差値が三五だったのに、この学習法を実践することで、なんと七〇にまでアップしたのです。

要約文学習法で偏差値三五から七〇へ

ある高三女子生徒の話です。

私が以前勤めていた学校のことをあまり悪く言いたくはないのですが、その高校は入学難易度が下のほうであることは残念ながら事実です。ですから、ほうっておいても自分で努力し、現役で難関大学に合格できる生徒はごく少数です。そんな高校ですが、この女子生徒は、高三の春から秋までのわずか八カ月間で、国語の偏差値（駿台模試）を三五から七〇へとアップさせたのです。

要約文を書く学習をこつこつこなすことで彼女の実力が着実についてきていることはわ

かっていましたから、秋の試験では偏差値が六〇台には乗るだろうと思っていました。それが、七〇にまで伸びたのですから、正直なところ私自身驚きました。

当時、私は高校二年生の古典を担当していました。

そのときに彼らの答案を見て愕然としました。多くの生徒の答案用紙にひどい日本語が並んでいるのです。これでは現代文も当然できないだろうと思った私は、高二最後の授業のとき「現代文を何とかしたいと思っている人がいたら相談に来るように」と言いました。

すると、早速、その日の放課後に一人の女子生徒が友達二、三人とやってきて「私は国語ができなくて……」ときりだしました。

「できない」といってもどの程度できないのかがわかりません。ですから、模試の成績を聞きました。すると、英語はそこそこできているのに、「国語の偏差値は英語の半分しかない」というのです。

まさか、と私は思いました。彼女は帰国子女でもありませんから、英語で偏差値六〇を取れるとしたら、国語がその半分で三〇ということはないだろうと思ったのです。

英語で偏差値六〇を取れるだけの理解力があり、真面目に勉強する子が、いくらなんでも国語で偏差値三〇しか取れないなんて聞いたことがありませんでした。しかし、彼女が鞄から出した成績表を見ると、英語は七〇なのに、国語は三五になっていました。本当に半分です。

それでも、これは何かの間違いで、たまたまそのときだけ国語が悪かったのだろうと、最初は本当には信じられませんでした。そこで、私は、彼女の実力を見るため、とりあえず一つの課題を与えました。

すると翌日、彼女は早速その課題をもって、私のところにやって来ました。

私はさらに彼女の実力を測るため、課題文についていくつかの質問をしました。

彼女の解答を聞いた私は驚きました。中学二年生程度の読解力と記述力しかもっていないのです。いくつか質問しても、課題文の内容と正反対のことを答えるのです。「これは大変だ！」というのが私の第一印象でした。

季節はちょうど高二から高三になる春休み前の三月でした。早速、春休みにやるべきことをアドバイスし、四月から個人指導がはじまりました。

《一回一〇分程度の指導で！》

個人指導といっても長時間のものではありません。一回五分から長くて一五分程度でしょうか。もちろん、大学受験が迫ってきたころには週に一回二時間程度、放課後に指導したこともあります。しかし、それ以外は高校でのわずか一〇分の休み時間に指導するということがほとんどでした（その前の家庭学習はもちろん必要ですが）。

《とにかく続けました！》

「継続は力なり」とは言い古された言葉ですが、多くの生徒は続けることが苦手です。体調不良を理由にしたり、「期末試験があったから」、「体育祭があったから」、「家の用事で」などなど、さまざまな理由で逃げたがります。

せっかく一カ月続けても一週間あけてしまえば、また一からやり直しです。とにかく歯を食いしばってでも最低三カ月続けることです。そうすれば国語の成績は目に見えて伸びていきます。

彼女の国語力が伸びたのは、私が指示した学習をひたすら続けたからです。たとえば、期末試験が近づいたときに、「期末の勉強もあるだろうから、こっちは期末が終わるまで休んでもいいよ」と私が言っても、彼女は「これだけはやる！」ときっぱり言って続けました。夏休みには、週に一～二回程度登校して指導していたのですが、それができないときは、私の自宅にＦＡＸをしてきました（もちろん、それを私が認めたのですが）。

それくらい彼女は私を信じて私の指示どおりに続けました。

《どんな勉強をしたのか？》

それではその八カ月の間、実力を飛躍的に伸ばすために彼女は何をしたのでしょう？

それは、市販の国語の問題集を使って要約文を書き続けただけです。

要約文を書くことができるということは、その文章全体で何を言いたいのかがわかるということ、文章の中でどこが大切であるかがわかるということなのです。それさえわかれば、国語の問題の設問に対する答えは、自然と浮かんできます。

しかし、国語の苦手な生徒の多くはその一番大切な部分が見えず、そこに「もや」でもかかっているかのように見逃してしまいます。そうすると当然、「解答がわからない」＝「低得点」ということになってしまいます。

彼女も典型的なそのパターンでした。問題文の中に答えが書かれているのに、それには気づきません。私が手を変え品を変え、あれこれと角度を変えてヒントを与えても、見事にそこだけはずして答えるということが常でした。

それが、六〜七月の夏休み前あたりの試験になると、少しまともな点数を取ることができ、普通の高校生並みになりました。私もほめてはあげましたが、まだまだ本物の実力ではないと思っていました。だいたいこのようなとき、次の試験でまたガクンと下がって、やる気を失う子が多いからです。彼女は、それでも気をゆるめることなく、夏休み中も継続して要約文を書く学習をこつこつと続けました。

《実りの秋！》

そして秋です。

九月下旬に行われた模試では、国語の成績はそこそこよかったのですが（具体的な数字は忘れてしまいました）、得意だった英語の成績が落ち込んでしまいました。そのため、それからは英語、特に長文読解の勉強を中心にするよう指示しました。担任だった英語の先生に聞かれないようにそっと。

英語の勉強で一番まずいのは、まだまだ単語力がないことを理由に長文にとりくまず、ひたすら単語やイディオムばかり覚えようとすることです（この本を高校生が読むと、「あ、自分がそうだ！」と思うかもしれませんね）。それは長文から逃げているだけなのです。

《偏差値七〇！》

秋も深まり、学校では種々の行事も終わって、一二月の学年末試験に向けての準備が整いつつありました。このころには推薦での合否が出て合格を決めている生徒もいるので、一般受験をする生徒は少しうらやましくなって、自分も推薦にすればよかったなどと、あせったりもします。

そんなある日の放課後、職員室に電話がかかってきました。それまで一度もお話などしたこともなかった彼女のお母さんからでした。とにかく興奮した口調で「ありがとうございました！」をくり返すのです。駿台模試での国語の偏差値が七〇になったというのです。また、得意の英語の偏差値も七〇台にのっていたため、総合でもかなりの好成績でした。

そのときのお母さんの言葉で今なお記憶にあるのは、「ありがとうございました」と、「あの子も日本人だったんですね」の二つだけですが、私はその御礼の電話をいただき、この要約文学習法は他のどんな学習法よりも効果があり、いかに優れた学習法であるかということを確信しました。

最速九〇日で国語力を高める驚異の〝要約文学習法〟

では、どうして要約文を書く学習法がそんなにいいのか、具体的にはどのように学習を進めればいいのか、これからお話ししていくこととしましょう。

先の高校生の例ですが、これは言うまでもなく私の三〇年間の指導歴の中でも特筆すべき例であって、だれもがこのようになるなどとは言いません。

むしろそんなに簡単には国語の力はつかないし、国語の成績はなかなか伸びるものではないということは、だれよりもわかっているつもりです。詐欺師みたいなことは言うつもりはさらさらありません。そのことは重々承知したうえで、しかしなお言いたいのです。

国語の成績を最速で伸ばすには〝要約文学習法〟がもっとも効果的であり、これを実践すれば、どんな子でも偏差値二〇以上のアップが可能です。

確かに、国語には「素質」（センス）も影響します。だれもが等しくできるようになるなんてきれいごとも言いません。幼稚園児にかけっこをさせると、速い子と遅い子がいます。速い子は特別に訓練を積んでいるわけではないでしょう。これはおそらく素質です。

それと同じように、国語の素質（センス）のある子はもちろんいます。しかし、それは幼稚園児のかけっこのように先天的なものではなく、その多くは小さいときから読書が好きで、文章を読むことになれているという場合がほとんどです。そんな子は指導も楽です。もともと素質があるのですから、それまでの成績が悪くてもちょっとこちらがついてあげればそれまで眠っていた才能が目を覚まし、頭をもたげて、成績は急カーブを描いて上昇していきます。

しかし、そういう子ではなく、**ごく普通の子でも要約力さえ鍛えれば、国語力は着実に伸びていきます。**国語をなんとかしたいと思っているのに力がつかない子にとっては、最後の頼みの綱になります。まさしく、これは究極の国語学習法なのです。

先の高校生も、国語の素質なんかまったく感じられない子でした（ごめんなさい）。また、私も駄馬を駿馬にするようなカリスマ講師でもなんでもありません。

私がＦＡＸやメールを利用した国語通信指導をはじめて八年になります。この間、日本全国はもちろん海外からの受講生たちの国語指導をしてきました。彼らの答案を毎日見ていると、「お、力をつけたな！」と思うのは、たいてい**受講開始してから三ヵ月後くらい**です。受講生から「成績が上がりました」と連絡をいただくのも同じころです。それで、この学習法を「最速九〇日で力がつく要約文学習法」とうたっています。

なぜ要約文学習法がいいのか

それではいったいどうして「要約文学習法」はそれほどまでに効果的なのでしょうか？

国語の勉強では、後述する「語句の意味調べ」を除けば、あとはもうひたすら「読んで書く、読んで書く」というくり返ししかないのです。**ところが、問題集を解いているだけでは、どうしてもこの「書く」という作業が完全に抜け落ちてしまいます。**「書く」という作業がもっとも大切であるにもかかわらず、それが行われずに「読む」作業だけに終始してしまうのです。それでは国語学習としては不十分です。

単純に言うならば、「読む」は受動的動作で、「書く」は能動的・積極的動作だといえます。たとえば、本を読みながらウトウト眠ってしまったなどという経験はきっと誰にもあることでしょう。しかし、ものを書きながら眠ってしまったという人は、まぁ中にはいるでしょうが、前者に比べると圧倒的に少ないでしょう。それだけ脳が働いているのです。

国語力を伸ばすには、この書くという積極的な作業が大切であると、私はこれまでの指導の経験の中で確信しています。そのための最適な学習法こそ「要約文を書く作業」なのです。

ところが、子どもたちは、文章を書くことをとてもいやがります。それはズバリ、「面倒だから」です。さらには、「考えないといけないから」「頭を使わなければいけないから」です。

国語を苦手としている子は考えること、頭を使うことを避けようとします。そして安易な選択肢の記号問題や抜き出し問題ばかりに走ってしまいます。それでは、いつまでも直感に頼るようなもので本当の学力はつきません。力がつくのは考えるから、頭を使うからです。

確かに書くというのは面倒な作業です。しかし、書く力は、筋肉と同じで自分にほんの少しの付加をかけて鍛えなければ強くなることはありません。そこで、子どもに「作文を書きなさい」「本を読んだら感想文を書きなさい」「手紙を書きなさい」などと言っても、「何を書いていいのか思いつかない」「何をしていいかわからない」から面倒になり、なかなか書こうとはしません。

〝要約文学習法〟では、国語問題集の問題文を要約するという作業なので、やることがはっきりしています。しかも、続ければ子ども自身が「わかった！　できた！」と実感できます。

三カ月続ければ、重苦しかった国語のイメージも楽しいものに変わってくるでしょう。

◎文中の読みどころを見分ける

そもそも国語の試験に出題される文章には「読みどころ」というものがあります。長い文章の中でどこがその「読みどころ」＝「大切な部分」であり、どこが読み流してもいい部分であるかの見分けをつける訓練をするというのが、要約文学習の一番のねらいです。

普通、国語を苦手としている子はその見分けがつきません。それがわからなければ、大切なところを問うてくる入試や模試などには当然対応できません。

以前、私の同僚で、次のように言っていた人がいます。

「論説文なんか読んでると、いかにもいかにもというようなクサイ言葉が出てくるよね。あの、設問の答えとしてそのまま使えそうなやつ。あんなのは、ときどきそこの語句だけがまわりの字よりも浮き出て見えたりするでしょ？　そこだけ太字で見えたりもするよね」

本当に浮き出て見えたり太字で見えたりするのなら、それは目の病気だろうと思うのですが、言いたいことはわかっていただけるのではないかと思います。ここでいう「クサイ言葉」というのが、文章のキーワードに当たります。

当たり前のことですが、文章には大切な部分とそうでない部分があり、その大切な部分だけをしっかり押さえていけば、文章は正しく読みとれたことになりますし、設問に対しても容易に正答することができるようになります。

しかし、国語を苦手としている子の多くは、それができません。まるで、大切な部分がかすんで見えたり、あるいは見落としてしまうほどの極小の文字に見えたりしているのではないかと疑われるほどです。

要約文を書く作業をくり返していると、まずその大切な部分を見つける力が着実についてきます。それさえできれば、国語学習の道は、もう半ばを過ぎています。

とはいっても、最初からうまくいくお子さんは少ないでしょう。とくに最初のうちは、文章を読んでも、どこが大切な部分なのかピンとこないことが多いのです。ですから、大人から見て明らかに間違っていると思っても、そのまま要約文を書き続けるように応援してあげてください。

私はよく、子どもたちがはじめて自転車に乗れたときのことを話します。はじめはフラフラして思うように乗れなかったはずです。補助輪を付けてもらって練習したお子さんもいるでしょう。親に後ろから支えてもらいながら練習したお子さんもいるかもしれません。まっすぐ走れないで転んだり、何かにぶつかったりしながら、少しずつ自分の体でバランスを覚えて、ある日、スッと乗れたという体験をもっているお子さんは多いでしょう。

要約文を書く作業も、この自転車乗りの練習に似ています。最初は要約して書こうと思っても、どう書いたらいいのかわからず、いやになってしまうかもしれません。それでも、自転車の練習のように続けていると、ある日、文章の中の大切な部分がパッと目に入ってきて、すらすら書けるようになります。

私は子どもたちに、そんなことを話して、必ずできるようになるからと応援しています。

◎パソコンはいくら？

たとえば、次のような例を思い浮かべてください。

パソコンを買おうかなと思い、パソコンショップに行きました。

何機種か見た後、あるパソコンが気に入りました。

金額は、一九八，七六三円（わざとこういう半端な数字にしています）。

しかし、高額のため、すぐに買うことは控え、ひとまずカタログだけをもらって帰宅します。自宅にもどった後も、どうしようかなぁと考え続けています。思い切って買うか、それとも今回はやめておくか。

しかし、正確な金額はメモをしていないため忘れています。

このとき、どの数字を忘れていると思いますか？　あるいは、これを読んだあなたは先ほどのパソコンの値段を正確に覚えていますか？　うろ覚えなのではないでしょうか？

それでも、忘れてもいい数字と、忘れてはいけない（まず忘れないだろうという）数字があるのです。

まず、最後の一円の位は忘れてもかまわないでしょう。一〇円の位も、あるいは一〇〇円の位もあいまいでかまいません。しかし、一〇万の位、一万の位は覚えていないと、そのパソコンを買うかどうか検討できません。

「う～ん、いくらだったかなぁ……。一〇万だったかなぁ、三〇万だったかなぁ。もしかすると七〇万だった？」などということはまずありえないでしょう。

また、一八万円か一三万円かも、えらい違いです‼

そのように、**忘れてはいけない大切な部分と、うろ覚えでもかまわない部分とがあるの**です。

物語でいえば、小学生が文章を読んだ後に、あらすじを言おうとする際、一所懸命に思い出そうとするのは、登場人物の名前です。そんなもの、どうでもいいのに。

名前を話題とした内容でない限りは、そんな名前など間違えていても一向にかまいません。ケンタくんであろうが、ケンジくんであろうが。

それよりも、もっと大切な部分、忘れてはいけない部分があったはずです。そのような見分けがつくようになれば、「国語の苦手な子」からの脱出は間近です。

要約文学習法で記述問題にも強くなる

国語に限らず、試験問題で子どもたちが苦労するのが記述問題です。テストになると記述問題のところはほとんど手つかずの白紙のままだとか、何か書いても見当違いだったり、あるいは必ずどこかで減点されたりというような嘆きの声をよく耳にします。

記述問題は配点が高いため、そこで得点できるかどうかで大きく点差が開いてしまい、合否にも影響を及ぼします。東京の御三家中学など難関校では記述問題ばかりを出題するところもありますから、記述問題を制するものが受験を制すると言っても決しておおげさではありません。

記述問題ができるようになれば、抜き出し問題でも選択肢問題でもできるようになります。また他教科にもいい影響を及ぼすでしょう。これ以上ない最大の武器を手に入れることになります。

本来、採点の手間を省き、採点者による評価（採点）のブレをなくす目的で作られた選択肢問題なのですが、それがいつのまにか国語問題の中心となってしまいました。問題集は入試問題の寄せ集めですから、一部の難関校の問題を除いて、どれを見ても、そのほとんどは選択肢問題ばかりです。

そのため、受験生も選択肢問題ばかりで学習するようになり、あげくには選択肢の選び方テクニックなるものまで登場するようになりました。まったくの本末転倒です。

しかも、困ったことに多くの受験生は選択肢を「なんとなく」というカンで選んでしまっています。接続詞や副詞をあてはめる空欄補充問題でも、どうしてそれを選んだのか質問すると、ほとんどの子が「あてはまると思ったから」とか「スラスラ読めたから」と、理由ともいえないような理由で答えを決めています。

いちばん困るのは、子どもたちが、それは正当な理由であると思い込んでいることです。それが「カン」に頼っているにすぎないとは気づいていません。こんなことでは国語ができるようになるはずがありません。

当然、記述問題もできず、ずっと苦手意識をもち続けることになってしまいます。

実は、この記述問題も「恐るるに足らず」なのです。

「記述しなさい」と言われただけで、「私は文章を書くのが苦手だから無理」と決めつけてしまうお子さんが多いのですが、そんなことはありません。

なぜなら、私たちはふだんの会話で記述問題に答えるのと同じようなことをやっているからです。

たとえば、友だち同士でこんな会話をしたとします。

「メイちゃんは、どうして圭くんが好きなの？」

こんなとき、どう答えると思いますか？　選択問題のように選択肢が準備されていて、そこから選んで答えるわけではありません。そうなのです。**私たちの日常会話には選択肢が準備されているわけではない**のです。どうしてそう思ったのか、どうしてそうしたのか、自分で答えを考え、自分の言葉を文にして相手がわかるように話さないといけません。

これは、**すでに記述問題と同じことをしている**のです。違うのは、話し言葉で答えるか、書き言葉にして答案用紙に書くかということです。

そのように説明して、記述問題は難しいというお子さんの苦手意識を取り除いてあげてください。

あとは、うまく書き言葉で表現するためのちょっとした訓練をするだけでいいのです。その練習法として最適なのが要約文学習法です。

要約文を書くときは本文中の言葉を取捨選択してまとめますが、この作業はそのまま記

述問題の練習になります。記述問題に答えるには、問題文の言葉を取捨選択して文章にすることが必要だからです。実際、私の通信講座を受講している生徒からは次のような感謝の声をいただいています。

〈受講生の保護者の声〉

・以前は記述のところが書けなくて真っ白だったのですが、ここ最近、間違っていても何か書こうという意志が答案に表れるようになってきました。うれしい限りです。ありがとうございます。

・本人いわく「最近、記述でも答案が埋めれるようになった」と、野田先生に出会ったことを喜んでいます。本当にありがとうございます。

・最近、ちょっと書く回数が増えてきた気がします。

以前は、なかなか取り掛かることができなかったんですが、まず慣用句で手を動かし、それから要約の原稿用紙に取り掛かるようです。

何だかチンプンカンプンな文章のような気もしますが、本人いわく「最近は書けるようになった」と。これはすごい成果だと私は感謝しております。


このように要約文学習法を続けていると、まず記述問題に対する抵抗感がなくなり、落ち着いて問題に立ち向かうことができるようになります。三〇字や四〇字の記述はもちろんのこと、一〇〇字、二〇〇字でも上手に書けるようになります。

これは、受験では大きなアドバンテージとなります。配点の大きな記述問題で得点できたら、グッと合格は近くなってきます。


ここまで読んでいただけば、国語の成績がいい生徒は、単に解法のテクニックを身につけているからではないことがおわかりいただけたと思います。

選択肢の選び方などという小手先のテクニックばかりを追いかけていたのでは、いつまでたっても国語はできるようにはなりません。**要約文学習法で文章の大切な部分を読み取る力と、文章を的確にまとめて書く力を育てることこそ、本物の実力を身につける近道**なのです。

入試まで時間がないと焦って小手先の解法テクニックを身につけることに時間をさくより、少し時間がかかっても真の実力をつける王道を進んでください。それこそが勝利への近道なのです。急がば回れです。

「天声人語」の要約は本当に国語学習に有効か

国語力を伸ばすには要約文を書く学習法がいいと言うと、朝日新聞の「天声人語」などのコラムを要約するのがいいと考える人がいます。学校や塾の先生がこれをすすめることもあります。私が高校で教員をしているときに、高三の「表現」という授業でも「天声人語」のような新聞コラムを要約する課題がよく出されていました。

はたして「天声人語」などの新聞コラムを要約することは国語学習に効果的なのでしょうか？

私の現場での指導体験からしますと、これは国語学習に向いていないように感じます。

天声人語などのコラムを読むには、国際・政治・経済などの幅広い知識が必要ですし、それなしで読んでも意味のわからないままになることが多いのです。

書いている人は大新聞のコラムを担当するような人ですから、きっと学生時代から優秀で、現在も一日に何冊も読書をしているような人なのでしょう。さらに、資料も山ほどあることでしょう。

そんな人が系統的ではなく、毎日断片的に書き綴ったものを、**まだまだ知識の少ない小中学生が読んでも内容を理解するのはかなり難しいことです。**ましてや、それを要約するなんて。

それでも、**新聞を学習に使うなら、親や教師がその背景について事前に説明してあげることが必要**です。

高校生になれば、コラムによっては理解できるものも増えてくるでしょうから、選んで学習に使うのはいいと思います。私が勤めていた高校でも、生徒から「難しくて内容がわからない」という不満がでたときには、毎日ではなくても週に二、三回は意味のわかるものがあるだろうから、それを書くようにと指示していました。

〝要約文学習法〟では、国語問題集にある問題文を要約するようにすすめています。問題文がそれぞれの学年に合わせた文章になっているからです。

ちなみに、文章を書く力をつける学習法として書き写し、筆写が昔から行われてきました。私も大学時代、名文と言われるものをせっせと原稿用紙に書き写していたことがあります。志賀直哉の文章なんかを。

しかし、これは「忍」の一字で、ちっとも面白い作業ではないし、そもそも達成感がなく、国語学習としても雲をつかむような感じではないでしょうか？　何より即効性がありません。

決して無意味ではありませんし、長い目で見れば、やらないよりはやったほうがいいとは思いますが、あくまで「やらないよりやったほうがいい」という程度です。積極的におすすめできるものではありません。

社会に出てからも要約力はものをいう

子ども時代に身につけた要約力は、単に受験に役立つだけではありません。**一度身につけた要約力は落ちることはなく、一生ものになるのです。**

自動車のトヨタでは報告書をA３の紙一枚にまとめるという話を聞いたことがあります。

現状分析やその背景、目指すべきゴールと課題、解決策など必要とされる内容を紙一枚にまとめて報告するのです。実は、これをやるには何より要約力が必要になります。

私の要約通信講座は受験での合格を目標とするものですが、大学生や社会人の受講生もいます。

そんな方たちに、どうして受講してみようと思ったのか質問してみると、いちばん多いのは、会社で企画書や報告書がうまく書けないということです。

中には、プレゼンの要点がうまくまとめられないという方や、会議の議事録をつくることができず上司に怒られてばかりで、このままではクビになってしまうと心配されている方までいました。サラリーマンになっても要約力がないと大変なようです。

実は、要約力はそうした特殊な場面で必要になるだけではありません。私たちの日常生活でも必要な力なのです。たとえば、家族や友人、知人との会話では、相手が言おうとしていることを要約しながら聞いています。つまり、**相手の話を理解するには要約力が必要なのです。**

相手に何かを伝えようとするときも同じです。まず自分の言いたいことが頭の中でうまく要約され、まとまっていなければなりません。

子どもはよく、今日学校であったことを教えてくれます。しかし、語彙力が足りなかったり、話の組み立てがまずいと、ちっとも要領を得ません。親としては、子どもに自分の言おうとすることをもっとわかりやすく伝える力をもってほしいと願うでしょうが、それを聞く親にも子どもの言いたいことを要約しながら聞くことが求められます。**親子の会話にも要約力が必要**なのです。

私たちが毎日観ているテレビニュースも、ライブでないかぎり、すべての情報を流しているわけではなく、大切だと思われる部分を要約して、決められた時間内で流しています。その要約の仕方が悪いと、視聴者に誤解を生じさせたり、ときには意図的に情報を操作したのではないかと疑われてしまいます。

ちなみに、自分の言いたいことを正確に相手に伝えるには、「論理的な思考力」とか「コミュニケーション力」が必要であると言われることがありますが、これらも、要約力が伸びてくれば、自然と身についてくるものなのだと言い添えておきます。

このように、要約力は人生のさまざまな場面において必要なスキルなのです。大人になって気づいて身につけてもいいでしょうが、それよりは小中学生のときから身につけておくに越したことはありません。

2章

要約文学習法の効果を高める基本中の基本

1章では要約文学習法が国語力アップにいかに有効であるかを紹介しました。とくにお子さんの入試が間近になってくると、親としては早くこの学習法を実践させて成績アップにつなげたいと願われるでしょうが、その前に、要約文学習法の学習効果を高めるための基本的な取り組み方についてお伝えしたいと思います。

とにかく要約すれば国語の成績が上がるんだからと、お子さんのお尻を叩いて無理にすすめても、お子さんのやる気は上がりません。焦る気持ちが余計に勉強のスピードを遅らせる結果になってしまいます。

くり返しますが、子どもたちは、とにかく続けることが苦手です。「継続は力なり」とよくいわれますが、子どもたちはいろんな理由をつけては勉強から逃げようとします。ましてや、国語力をつけるために、漠然と本を読みなさい、文章を書きなさいと言ってみても長く続くはずはありません。

どれくらいの期間続ければ手応えを感じられるのか、何をすればいいのか、どのようにすればいいのか、それらをはっきり示してあげることが必要です。また、それを親御さんが理解しておくことも大切です。これからお伝えする〝要約文学習法〟のルールをしっかり押さえて取り組むようにしてください。

要約文学習法七つのルール

一　三カ月続ければ手応えを必ず実感できる

この学習法は最低三カ月続ければ、国語力が身についてきたことを、本人はもちろん、親や教師も必ず実感できるようになっています。

この三カ月という期間が重要です。せっかく一カ月続けても一週間あけてしまえば、また一からやり直しです（実際にはそれほど効果がなくなるわけではありませんが、それくらいの覚悟で臨んでほしいのです）。

腹筋運動と同じです。あるときがんばって一〇〇回やっても、そのあと何にもしなければ、その一〇〇回のせっかくの効果はほとんど消えてしまいます。ただ腹筋が痛くなって終わりです。

中高生の場合、二カ月くらい続けたところで定期試験があります。試験対策に追われて一〇日間ほど要約を書く作業が中断してしまうと、また振り出しに戻ってしまい、一からやり直しになってしまいます。その点、小学生は中間・期末試験がないだけに継続しやすいと思います。

とにかく歯を食いしばってでも最低三カ月続けることです。何度も書きますが、三カ月続けると見える景色が必ず違ってくるのがわかります。

二　国語問題集の問題文を要約する

先にも述べましたように、要約文学習法で要約するのに最適なものは、国語問題集の問題文です。それは、小学生から高校生まで共通しています。

小学生

市販の問題集を購入するか、塾で使用しているテキストを使ってください。教科書は要約文学習法には適していません。

塾に通っているお子さんは、塾で使っている問題集を利用することをおすすめします。というのも、まだ塾でやっていない部分を要約すれば、予習となって塾の授業がわかりやすくなりますし、宿題を課されても短時間で終えることができるようになります。また、すでに塾で学習した問題であれば、要約しやすいだけでなく、復習にもなって学習効果も上がります。

塾に通っていないお子さんは、学年に応じた簡単なドリル形式の問題集を購入するといいでしょう。受験研究社の『全国標準テスト』というドリルには小学五年生で三〇〇字程度の文章が、六年生で四〇〇～六〇〇字程度の文章が載っていますから、それらを一五〇字程度に要約するといいでしょう。塾の教材が難しすぎると感じる方はこのドリルをやってもいいかもしれません。

塾に通っていなくても、四谷大塚などの学習塾ではテキストを販売していますので、それらを入手してもいいでしょう。テキストには良問が多く、対象学年も広いので利用価値はあると思います。入手方法などはインターネットで調べればわかるはずです。

中学生

おすすめは公立高校の入試問題です。概して文章のクセがなく、要約文学習に適した教材だからです。

国語がある程度できるようであれば、中学一、二年生でも公立高校の入試問題に積極的にチャレンジしてみてください。国語が苦手な生徒には少し難しいかもしれないので、塾のテキストを使うか、市販されている学年別の問題集を使ってください。ただ、最近は著作権の関係で市販されている問題集が少ないので選ぶのが難しいというのが現状です。

そんななかでも要約文学習法にうってつけの問題集があります。『学研パーフェクトコース中学国語読解問題集』です。麻布学園・中島克治先生が要約文学習法の有効性を説かれていて、要約方法が示されています。

しかも、一つの文章を二〇〇字で要約した場合と四〇〇字で要約した場合の二種類の要約例が示されていて親切です。また、「要約練習おすすめリスト」として文学的文章と説明的文章からそれぞれ一一冊の本が紹介されています。ただし、学年の枠を取り払っているので、中学一、二年生で国語を苦手としていると難しく感じるかもしれません。実際に書店で手に取ってご覧になることをおすすめします。

高校生

高校生の場合は、学年別の問題集というよりも、大学受験用の問題集を使ってください。初級、中級、上級といった具合に、レベル別に市販されています。自分の実力に見合ったものを選んでください。

高校生用の問題集は小中学生用と違って数多く市販されていますので、選択肢はかなり広がります。選ぶのに迷ってしまうかもしれませんが、学習がストレスになっては元も子もないので、問題数が少ないものから気軽にはじめましょう。

三　表現がおかしくてもいいから長めに書いてみよう

次に要約文をどれくらいの長さで書くかということですが、最初は字数についてあまり厳しく制限する必要はありません。

「一〇〇字要約」をすすめているものをときどき目にしますが、一〇〇字では短すぎます。結論部分をほとんどそのまま書き写せば一〇〇字くらいにはすぐなってしまいます。

中高生が論理的文章を要約するなら、三〇〇字程度が適当です。これくらい書くと、ところどころで意味が通じなかったり、表現がおかしかったりとアラが出ます。

それが大切なのです。サッカー日本代表の試合などを見ていますと、試合に負けた後のインタビューで「修正点が見つかった」という発言をしているのをよく見かけます。オシム元監督は「勝つと見えなくなるものがある」と言いました。要約文も同じなのです。少し長めに書いてどんどん失敗をしましょう。

とにかく書くことが大切なのです。そして失敗することが大切なのです。上手下手はまったく気にする必要はありません。むしろ下手なほうが今後の伸びしろが大きいと考えましょう。

小学生の場合は物語文が出題されることが多いのですが、物語を要約すると、あらすじを書くことになり、三〇〇字よりもう少し長くなります。物語はなかなか省略できないからです。たとえば、**普通の入試問題に出るくらいの長さの物語文だったら、前半と後半に分けて、それぞれ四〇〇字程度で書くのがいい**でしょう。

いずれにしろ、当然ながら読んだ物語文の長短や内容によって、要約文（あらすじ）も長くなったり短くなったりします。ですから最初はあまり字数にこだわらず、書くことに意味があると考え、どんどん書きましょう。

小学生の場合、はじめのころはついつい本文を書き写してしまったような文章になることがありますが、それでもかまいません。大切なのはそれで終わるのではなく、そこから**消してもかまわないと思われるところに二重線を引いて消していく**ことです。

どこを消すべきかは決まっているわけではありませんし、正解があるわけではないので、子どもが「ここはいらない」と思ったところはどんどん消していってかまいません。そして、最後に文と文とのつながり具合をチェックし、そのつなぎ目に少し言葉を補うなどして、文章がスムーズな流れになるようにしていきます。そのやり方は後ほど説明します。

四　一週間に二つの要約文を書こう

要約文学習法では多くの生徒がわずか三カ月で国語の力がついてくると書きましたが、学習ペースとしては、一週間にどれくらいの勉強時間が必要になると思われますか。

とくに受験期は学校だけでなく塾の宿題もあり忙しいなかで、いくら国語が苦手だといっても毎日国語の勉強ばかりするわけにはいかないでしょう。

標準的には一週間に二つの要約文を書くことが目標になります。一度書いたら、それを直す作業も行います。直しは一回一五分程度でできるでしょう。

慣れるまでは、初見の文章を読み、どの部分をどのように書くかを考え、実際に原稿用紙に書いていくという作業には、それなりに時間がかかるでしょう。

中学生の論説文なら四〇分程度でしょうが、小学生が物語文のあらすじを書くには一時間以上はかかるかもしれません。それには個人差もあるでしょうから、とくに最初のころは時間を気にせず、本人のペースで取り組んだほうがいいと思います。何分で書きなさいと制限時間を設けても思うようにできずに、いやになって続かないのでは意味がないからです。心配しなくても、慣れるにしたがって次第に速く書けるようになります。

一～二週間だけやって、うまくできないとか、時間がかかりすぎると決めつけてしまうことも避けてください。とくに親がそうしてしまうと、子どもの勉強意欲が失われるだけで、何もいいことはありません。

「一週間に二つ程度」と書きましたが、さらにがんばって二日に一問（週三問）のペースでできるのであれば、もちろんやってもかまいません。ただし、最初から飛ばしすぎて早々と息切れしてしまっては元も子もありませんから、私は一週間に二つのペースでやることをおすすめしています。

ただし、一日で二つ同時にやってしまうのはいけません。日曜日と水曜日などというように適度に間隔をあけて一つずつやるようにしてください。

五　文体を統一する

文章を書くときの文体（おもに文末）には、「～です」「～ます」という丁寧な形（です・ます調）と、「～だ」「～である」という普通の形（だ調・である調）とがあります。前者を「敬体」、後者を「常体」といいます。

私たちが読む文章はこのどちらかですが、**要約文ではすべて常体で書く**ようにします。

たとえば、「私はこれまで多くの本を読んできました」とあるとき、その文末を「～読んできた」とするのです。

もちろん文末だけでなく、文の途中で敬体が使われていることもありますから、それにも注意しないといけません。うっかりするとついつい文中の敬体はそのまま書いてしまうという失敗をしがちです。

たとえば、「私はこれまでたくさんの本を読んできましたが、それらの読み方に自信がないのです」とあるとき、文中の「～読んできましたが」は敬体になっていますので、これは「読んできたが」としないといけません。もちろん、文末もこの場合は「自信がない」

となります。

このように要約文では常に常体で書くべきなのですが、本文が敬体で書かれているとついついそれに引っ張られて敬体をそのまま使ってしまうという失敗をしてしまうことがあります。

そうすると敬体と常体が入り混ざった最悪の文章になりますから、その点は注意してください。

六　一文の文字数は四〇〜六〇字

一文の文字数は四〇〜六〇字程度が適当です。もちろん書く内容によっては、それより長くなったり短くなったりする場合もありますから、この四〇〜六〇字というのは絶対に守らないといけないというわけではありません。

ただし、要約文を書くときについついおかしてしまう失敗は二つの文を「合体」させて、やたら長い文にしてしまうことです。あまり長いと意味のわかりにくい文になるだけでなく、自分でも手に負えなくなってしまいます。一文の長さは四〇字から六〇字くらいまでを目安として、それより長くなった場合は要注意ということを覚えておきましょう。

七　一行あけて書く

これは必ずやらなければならないというわけではありませんが、要約文を書くときに一行あけて書くと、その後の修正時に便利です。余白にメモをしたり、書き直しをしたりできますから。

小学生の場合は、原稿用紙かジャポニカ学習帳を使って要約文を書くといいでしょう。中高生になると、ふだんの学習で使うノートは、縦の罫線が入っているだけでマス目がありません。これだと文字数を数えるのは大変な作業になってしまいます。マス目になっているノートがあればそれを使ってください。そうでなければ原稿用紙を使用するしかないでしょう。

いずれにしても、要約文を書く際には、文字数を数えることができるノートか原稿用紙を使うようにしてください。

「文のねじれ」をなくすことも要約文の基本

僕は犬が走る。

この文は、だれしも変だと思うでしょう。この文の場合、「僕は」という主語に対応する述語がありません。

僕は庭に赤い花を踏んづけてしまった。

この文ではどうでしょう。この場合は、「庭に」が何を修飾しているのかわかりません。このように主語・述語あるいは修飾語・被修飾語の対応関係がくずれているものを「文のねじれ」といいますが、この「ねじれ」をなくすことも要約文を書くときの基本の一つです。「ねじれ」があるうちは偏差値は五〇を越えません。四〇台半ばをうろうろするのがせいぜいです。

この「僕は犬が走る」という例文を見ると、「こんな文章を書くはずがない」とほとんどの方が思われるでしょう。大人であればとくにそうかもしれません。この場合は文字数にしてわずか六文字ですから、だれでもすぐに気づきますが、実際にあらすじや要約文を書いてみると、こんなに簡単で短い文はまずありません。もっと文は長く複雑になってきます。そうするとどうしても「文のねじれ」は出てきてしまうのです。

小学六年生の書いた文の例を一つ挙げます。

> 日本は自分の個人的立場から何ごとかを語るということを、日本の風土は徹底的に排除している。

どうでしょう。大人はすぐに変だとわかるでしょう。しかし、子どもはなかなかそれに気づかないのです。

この文では「日本は」という主語があるにもかかわらず、述語（「排除している」）が遠いため、途中にまた「日本の風土は」という主語を入れてしまっているのです。つまり、主語が二つで述語が一つ、結局「僕は犬が走る」と同じ間違いをおかしているのです。

もし、小学五、六年生のお子さんがいれば、この文がおかしいかどうかを是非尋ねてみてください。変な文だとすぐに気づき、正しく直せるようであれば、その子は国語を苦手としているどころか、おそらく得意としているのではないでしょうか。

次の文は高校生が書いたものです。

> アメリカの高速道路によくある「ゆっくり走れ、～生命かもしれない」と書いてあるものは、すべて自分の利益に還元しなければ良いことをしないという根性＝功利主義の道徳がある。

これではどうでしょう？

「～と書いてあるもの【は】、～道徳【が】ある」となっています。

これも主語二つに述語が一つの「僕は犬が走る」のパターンです。

そして、これは前節に書いたとおり文字数が基準の六〇字どころか八〇字を越えているため、書いている本人が自分の手に負えなくなってしまっている例でもあります。

ここで取り上げた二つの例文は、主語・述語のねじれですが、修飾語・被修飾語のねじれもよく見られます。私も修飾語と被修飾語を離しすぎるという失敗をやってしまうことがあります。最初に修飾語を置いたのをいつのまにか忘れてしまうのです。

このような**「文のねじれ」があるかどうかは国語力のバロメーター**となります。これがなくなったとき偏差値は間違いなく六〇に届くでしょう。

短文作り学習法

この短文作り学習法は、要約文学習法を実践する前に、もう少し文章を書く基礎をつくっておきたいというお子さんに向いています。

これから、その具体的な学習法について紹介していきますが、その前に一つ注意してほしいことがあります。それは、**基礎ばかりやっていてもなかなか力はつかない**ということです。

多くの親御さんは遠慮して基礎ばかりやりたがります。街の書店には基礎の基礎ばかりを扱った本も出回っています。「基礎をじっくり」という言葉は耳に心地よいのかもしれません。安心できるのでしょう。

しかし、基礎はほどほどにして先に進んだほうが上達は速いのです。

たとえば、中学生が英語の基礎ができていないからといって、いつまでも中一レベルのことばかりやっていても力はつきません。中一レベルはほどほどにして中二レベルにとりかかり、そこから中一レベルの問題を見ると簡単に見えるということがあります。また、そうしないと受験には間に合いません。

基礎ができていないと得点に結びつかないというのも事実でしょうが、基礎ばかりやっていても得点に結びつかないというのも事実なのです。

そのことを心に留めたうえで、要約文を書く基礎作りとして短文作りに取り組んでみてください。

◎「呼応の副詞」を使って短文作り

「呼応の副詞」ってご存じですか?

「ある言葉があると、その次に必ず決まった言葉がくる」という文法上のルールです。

たとえば、「ぜんぜん」という言葉があると、そのあとに「ない」という言葉がきます。

「ぜんぜんおいしい」は正しい日本語ではありません。正しくは「ぜんぜんおいしくない」

です。

この「ぜんぜん」のように、次にある決まった言葉を伴うような副詞を「呼応の副詞」といいます。

これは入試でも空欄補充問題として頻出ですし、要約文を書くうえでも、とても大切なので、しっかり定着させないといけません。

とくに絶対にマスターすべきなのが次の六つの「呼応の副詞」です。

①けっして〜ない。
②ぜんぜん（まったく）〜ない。
③たぶん（おそらく）〜でしょう（だろう）。
④まさか（よもや）〜まい（ないだろう）。
⑤もし〜たら（なら）〜。
⑥なぜなら〜からだ。

この他にも「呼応の副詞」はありますが、ここでは取り上げません。もし知りたい場合は、お手持ちの問題集などを確認してください。必ず載っているはずです。

お子さんがこの六つを理解して使いこなせるかどうか、確かめるには、それぞれを使った例文を作ってもらうことです。うまく作れるようだったら、しっかり理解できていると思います。

たとえば、こんなふうに使いこなしていれば大丈夫です。

①けっして無理なことはしない。
②ぜんぜん（まったく）おもしろくない。
③たぶん（おそらく）明日は雪になるでしょう（だろう）。
④まさか（よもや）彼が犯人ではあるまい（犯人ではないだろう）。
⑤もし私が大統領だったら世界を平和にしたい。
⑥おなかがすいた。なぜならお昼は何にも食べなかったからだ。

短文づくりの課題では主語述語が整った文を作るように指示されることが多いのですが、無理にそうしようとするとぎこちない文になってしまうので、主語はなくてもかまいません。

「呼応の副詞」の使い方さえあっていれば、どんな文でもいいので、自由に発想していろいろな例文を作ってみてください。

この自由な発想が国語力を伸ばすのにとても大切です。どんどん例文を作る練習をさせてあげてください。

実は「例文作り」は、「呼応の副詞」に関してだけでなく、その他の語句についても、お子さんが正しく理解できているかどうかを確かめるのにとても有効です。

たとえば、次の五つの例文を見てください。「〜しかねない」を使った小学五年生五人のものです。

①藤本先生はすぐに注意しないと太りかねない。
②ちゃんと弟を見ていないとお菓子に手を伸ばしかねない。
③関東大しん災がおこりかねない。
④かぎをしめなかったのでどろぼうに入りしかねない。

⑤山田がいつにげるか、目をのがしかねない。

これらを見れば、どの子がこの言葉をきちんと理解できているかが一目瞭然です。

①………「すぐに」と「注意しないと」の位置を入れ換えればOKです。

②と③…このままでOKです。

④………「入りしかねない」とは言いません。「どろぼうが入りかねない」だったらOKです。

⑤………「目をのがしかねない」とはおかしな文です。その前の「山田がいつにげるか」と合いません。

◎接続詞を使って短文作り

今度は接続詞を使った短文作りです。

接続詞を空欄に補充するという問題でよく間違える子は、そもそもこの接続詞の働き（意味）を理解していないことが多いのです。

次の七種類の接続詞は頻出度の高い接続詞で、その働きを理解しておくことが大切です。

①しかし・ところが　②だから　③むしろ
④つまり・すなわち　⑤さて・ところで　⑥また　⑦しかも

これらの接続詞の働きを子どもたちにたずねると、国語を苦手とする子の多くがどれも「詳しく説明する働きをする」と答えます。

確かに、「しかし」は前文と逆のことをあげながら文章全体を詳しく説明しているともいえます。「つまり」は前文（または前段落）を後文（後段落）で簡潔にまとめていて、内容的には同じことを言っていますが、より詳しく説明しているといえないこともありません。「ところが」にしても、話題を変えながら、前段落とは違う角度から詳しく説明をしようとしているといえるでしょう。

ですから、どれも「詳しく説明している」という答えは間違ってはいないのでしょうが、それでは、どの接続詞を使っても同じことになってしまいます。

実は、この七種類（一〇個）の頻出接続詞の働きは次のようになっています。

①「しかし」「ところが」……逆接（これが一番出題される）。

小五くらいの子で「逆接」という言葉が難しければ、「前後で反対のことを言っている」

と覚えてください。
②「だから」……理由（前後のどちらが理由なのかをわかっていない子が数多くいます。今一度ご確認を！）。
③「むしろ」……他のものと比較している。
④「つまり」「すなわち」……まとめ（前に言ったことと同じ内容を、言葉を換えて簡単に説明する）。
⑤「さて」「ところで」……話題転換（話題を変える）。
⑥「また」……並列（二つのものを並べる）。
⑦「しかも」……添加（付け足し）。

お子さんがこれらをどこまで理解できているかは、短文作りをすると簡単にチェックできます。

その際、接続詞はその前の文との関係を示しているのですから、接続詞からはじまる文だけをつくってはいけません。たとえば、冷たい雨が降っている。そのうえ、風さえつよく吹きはじめた。

というふうに、「〜。接続詞、〜。」という形で例文を作ります。

例文を正しく作れるということは、その接続詞の働きをきちんと理解できているということですから、例文さえできればもう心配はいりません。

◎指定された言葉を使って短文作り

これは国語力をつけるための練習ではありますが、そのまま入試問題で出題されることもあります。

たとえば、平成二二年度入試では自修館中学で次のような問題が出題されました。

【問い】 次の①〜②にあげられた言葉をすべて使ってそれぞれ文章を作りなさい。ただし次の条件に従うこと。

〈条件〉

・①、②とも文章は二文以上とすること。
・四角で囲んだ言葉は言葉の形が変形してもかまわない。
・それぞれの言葉は順番を入れ換えて使用してもかまわない。

（例）サッカー　眠い　なぜなら
→今日は朝からとても眠かった。なぜなら、昨日の夜、テレビでサッカーの試合を遅くまで見ていたからだ。

①値段　景色　本　しかし
②心　ことわざ　明るい　たとえば

この問題を見てもわかるように、指定された言葉を使う短文作りは、そのまま入試対策にもなるオイシイ学習法なのです。

この短文作りを練習するためには、親や大人が適当な言葉を選んであげて、ゲーム感覚で例文作りをしてみるのもいいと思います。右の問題①、②で指定されている言葉には「しかし」と「たとえば」という接続詞も含まれていますが、前述した「呼応の副詞」も指定してあげて例文作りをすると、より総合的な学習になりますし、変化が出て学習が面白くなると思います。

◎「〜だが、〜。」の形をマスターしよう

次に「〜だが、〜。」の文型を使った短文作りです。

入試問題では登場人物の性格（人柄）を問われることがよくあります。

「本文から読みとれるA君の性格を三〇字以内で説明しなさい。」

「〜という会話から読みとれるB君の人柄を四〇字以内で説明しなさい。」

などといった問題です。このときは、この「〜だが、〜。」というパターンを利用するとうまくいきます。たとえば、

> 言葉も乱暴で近づきにくいが、本当は思いやりのある優しい性格。

といった具合です（即興ですみません！）。

この際、逆接の接続助詞「が」の後ろに本当に言いたいこと、大切なことがきます。逆接のあとのほうが大切なのだということを短文作りでしっかり理解しておいてください。

入試問題では、この「だが」の前後が入れかわって、「一見優しく、いい人のように見えるが、実は腹黒い正真正銘の悪人」などという答えを求める問題が出されることはまずありません。

「〜（悪い内容）だが、〜（いい内容）。」というワンパターンで覚えておいていいでしょう。

◎「〜のに、〜。」の形をマスターしよう

「〜だが、〜。」と似た形に「〜のに、〜。」という表現があります。

これもうまく使えるようになるととっても重宝な表現ですから、短文作りでしっかり理解できるようにしましょう。

たとえば、「本当は〜のに〜。」という形だったら、いくらでも例文ができるのではないでしょうか？

・本当はヨーロッパに行きたかったのに、ハワイに行くことになった。
・最初は彼となかよくしたくなかったのに、いつのまにか親友になってしまった。

などと例文を作ってみてください。

実は、ここで大切なことがあります。それは、先にも述べた「自由な発想」です。子どもたちに、こんな文を作ってみてと例文を挙げると、その例文にそっくりな文ばかりをつくる子がときどきいます。そうではなく、自分の興味や関心に合わせて自由に発想しながら文を作るほうが国語力アップにつながるのです。

文章の内容を話してみよう！

ここまでは、要約文を書く基礎づくりとして、副詞や接続詞を使った短文作りと、指定された語を使っての短文作りについて説明してきました。

もう一つ、基礎づくりに役立つ学習法があります。それは、物語を読んで、そのあらすじを口頭で言ってみることです。

◎物語の内容を話してみる

先に、小学生の問題文は物語が中心になるため、要約文を書くには物語のあらすじを書くことになると説明しましたが、中には、いきなりあらすじを書くのはハードルが高すぎるというお子さんもいます。そんな場合は、まずは口頭で物語の内容を「話す（説明する）」ことからはじめるといいでしょう。

物語の中でどんなことがあったのか、実際に自分が見聞きしたことを話すように、あるいは、昨日見たテレビ番組の内容を友だちに話すように話せればそれで十分です。そこからスタートしましょう。

大人はそれを聞きながら（ここで我慢が必要です！　ぐっと我慢して聞き続けるのです）、ときどきはっきりしない点を確認するくらいでほとんど黙って聞き役に徹しましょう。

なるべく本文を見ないで詳しく内容を話すことができれば一番いいのですが、それができなかったら、本文を見ながら話してもらってください。

ただし、そうすると子どもはついつい本文をほとんどそのまま読んでしまいます。最初はそれでも、うん、うんと黙って聞きましょう。子どもは黙読したことがまだ理解できず、それを声に出すことによってもう一度咀嚼《そしゃく》しなおそうとしています。それを黙って聞いてあげてください。

そして、五～一〇行くらい進んだところでいったんストップし、そこまでの内容をテキストを見ないで話してもらってください。国語の苦手な子の場合、たいていそれができません。内容はなんとなくわかっていても自由に言葉をあやつれず、自分の言いたいことをうまく表現できないのです。

しかし、そこは訓練です。できないからこそそこはぜひ乗り越えてほしい壁です。「じゃ、もう一度本文を見てごらん」と振り出しにもどり、もう一度話してもらってください。一回目より少しでも改善できていれば収穫ありです。その作業を毎日少しずつくり返しましょう。

◎『星の王子様』を話してみよう

子どもが読む物語は、学校の教科書に載っているものでも、塾の問題集に載っているものでも何でもいいのですが、ここでは参考として、サン・テグジュペリの『星の王子様』を取り上げて紙上学習をしてみましょう。

『星の王子さま』サン・テグジュペリ

「ボアというヘビは、えものをかまずに丸のみします。そのあとはじっとお休みして、六か月かけて、おなかの中でとかします。」と本には書かれていた。

そこでぼくは、ジャングルではこんなこともおこるんじゃないか、とわくわくして、いろいろ考えてみた。それから色えんぴつで、自分なりの絵をはじめてかいてやった。作品番号1。それはこんな感じ。

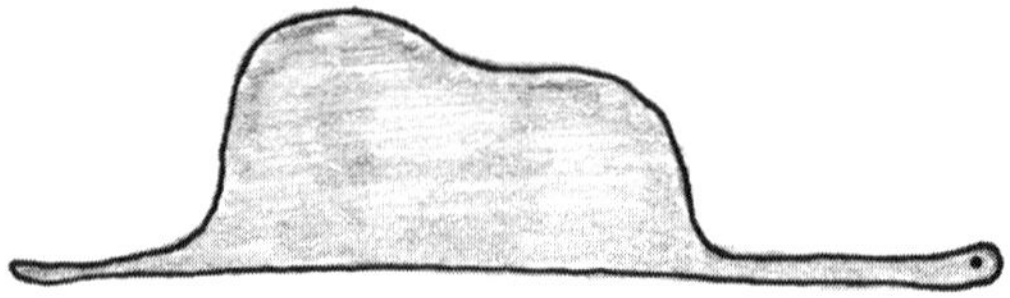

ぼくはこのけっさくを大人の人に見せて、こわいでしょ、と聞いてまわった。

でもみんな、「どうして、ぼうしがこわいの？」っていうんだ。

この絵は、ぼうしなんかじゃなかった。ボアがゾウをおなかの中でとかしている絵だった。だから、ぼくはボアの中身をかいて、大人の人にもうまくわかるようにした。あの人たちは、いつもはっきりしてないとだめなんだ。作品番号2はこんな感じ。

※青空文庫『あのときの王子くん』より抜粋。読みやすくするため、著者の判断で一部漢字に改めています。

ハイ、ストップ！　ここまでです。

お子さんに、

「はい。じゃ、ここまでどんな内容だった？」

と聞いてみてください。

おそらく、私の予想では、「何かが何かを飲み込んでお腹が大きくなって、それをとかしている話」というくらいしか言えない子がほとんどではないかと思います。最初はだれだってそんなものです。

目安としては、次の四点がお子さんの話に入っていれば、物語の内容を理解して自分の言葉で説明できています。

・ボアという蛇は獲物を丸のみするということを本で知った。
・そこでぼくは、（「それだったら、こんなこともあるかもしれない」と思って）ボアがゾウを丸のみしている絵を描いた。
・だけど大人はそれをみても「ぼうし」にしか見なかった。
・そこでぼくは、今度はお腹の中が見えるように絵を描いた。

どうでしょう？　いくつ入っていましたか？

もちろん、うまくできないからこそ練習しているのですから、まったく的がはずれていてもかまいません。何度も言いますが、できないからこそ、お子さんは練習しているのだということを忘れないでください。

この練習問題のように、取り上げる物語は短くてもかまいません。これだったら、わずか五分一〇分あれば親子でできるのではないでしょうか？

練習教材はごろごろ転がっています。何をやってもいいのです。手当たり次第、口頭で説明するという練習をやってみてください。

3章

要約文を書いてみよう

まずは短い文章からはじめよう

2章では、要約文学習法を効果的に進めるための基本的な取り組み方についてお話ししましたが、この章では、いよいよ要約文を書く作業に入っていきます。

まず、与えられた短い文章を要約するという練習からはじめて、最後には段落単位で要約文を書くところにまで話を進めたいと思います。

◎一文で簡潔にまとめる

長い文章もしょせんは一文一文の積み重ねです。

文章全体の要旨を把握することはもちろん大切ですが、それは一文一文の理解あってのものです。一文一文が正しく読み取れていなければ、全体の要旨がつかめるはずもありません。

まずは一文のエッセンスを抽出し、わかりやすく簡潔にまとめる練習をしましょう。

【例題一】次の文を二五字以内（二一～二五字）で書き直しなさい。
基礎的な知識は、考える生活の一番の力だから、若い日にこれを学習しなければならない。

〈解説〉

この一文には、「基礎的な知識は、考える生活の一番の力だ」だという主語述語がありますが、これよりもっと大切な述語は「学習しなければならない」です。

ですから、この言葉は絶対に外せません。

そうすると、次に、ただ「学習しなければならない」といっても何を「学習しなければならない」のかがわからないので、「基礎的な知識を」という言葉が絶対に必要になります。

その二つをあわせると「基礎的な知識を学習しなければならない。」となります。

これで一九文字です。あと二文字以上必要です。

残りは「考える生活の一番の力だから」と「若い日に」の二つしかありません。前者は長すぎるので使うことはできません。「若い日に」だったら二五字以内にちょうどおさまります。

そこで答えは次のようになります。

〔解答例〕

若い日に基礎的な知識を学習しなければならない。

【例題二】次の文章を三五字以内（三一～三五字）の一文に書き直しなさい。

私は今までにたくさんの本を読んできました。そのおかげで、自分で言うのもおかしい話ですが少しはえらくなったように思います。

ここではまず解答例から示すことにします。

〔解答例〕

・私はたくさんの本を読んできたおかげで少しはえらくなったように思う。

・私は今まで多くの本を読んできたおかげで少しはえらくなったように思う。

・私は今までたくさんの本を読んできたため、少しはえらくなったように思う。

〔解説〕

解答例では後半の「少しはえらくなったように思う」という部分は三つとも同じです。これを「私はえらくなった」と言い切ってしまうと、それを読んだ人が「よくそんなことを自分で言うよ」と思うでしょう。日本語はこのようなことは遠回しに言います。それをばっさりと切り落として、「えらくなった」というような表現をすると自分のことは謙遜して控えめに書くという日本語の特徴が消えてしまうため、これはこのまま残したほうがいいでしょう。

前半の書き方はいろいろあります。

要は「多くの本を読んできたから」という理由が書かれていればＯＫです。

◎文の順序を入れ換えて書く

ここからは、だんだん文字数も増えてきます。

【例題】次の文章を六〇〜七〇字の一文にしなさい。ただし第二文の内容から先に書くこと。

私どもは、いままで山に登っても、征服という言葉は、つとめてこれを使わないようにしてきた。たとえ山頂に神や仏が祭ってなくても、われわれの山を神聖視する気持ちに、征服という言葉は、どうにも合致しがたいところがあったからである。

〔解説〕

問いには「第二文の内容から先に書きはじめてください」という指示がありますね。指示には逆らわず忠実に従ってください。

第二文は「たとえ山頂に〜」ではじまる一文ですが、この文末には「〜からである。」とあり、理由になっていることがわかります。

これはたとえば「傘をもって外出した。午後からは雨という予報だったからだ。」という二文を後ろの文から書きはじめて「午後からは雨という予報だったから傘をもって外出した。」と順序を逆さまにする書き方と同じです。

これは大人からするといたって簡単ですが、子どもはなかなか順序を入れ換えるという発想にはならないものなのです。

しかし、三、四度練習しておくと、だんだん早く上手にできるようになっていきます。それは、たとえて言うならば、ぼうぼうに伸びた、子どもの背丈ほどもある草を踏み倒しながら歩くようなものです。最初はなかなかうまく歩けませんが、一度歩くと草が倒れたり傾いたりするので、二度目からは歩きやすくなります。三度目四度目になるとさらに歩きやすく、ついにはすいすいと普通の道のようにだって歩くことができるようになります。

〔解答例〕
われわれの山を神聖視する気持ちに、征服という言葉は合致しがたいところがあったため、征服という言葉はつとめて使わないようにしてきた。

◎二文を一文にまとめる

今度は二つの文を一文にまとめる練習をしてみましょう。
まず次の例を見てください。

> 【例題】次の①と②の文を一文にまとめなさい。
> ①北海道の実家から荷物が届いた。
> ②それにはじゃがいもやとうもろこしが入っていた。

この二文を一文にまとめるとすると、①と②のどちらの内容を中心とするかによって書き方は変わってきますが、ここでは二種類のやり方で考えてみることにします。

まず①を中心として考えてみましょう。この文の主語―述語は「荷物が―届いた」です。ですから、これを中心として二文を一文にするのであれば、「届いた」を最後にもってこないといけません。つまり、中心とする文の述語を最後にもってくるのです。

次に②の文を中心とするのであれば、その主語―述語は「じゃがいもやとうもろこしが

──入っていた」ですから、この「入っていた」を文の最後にもってこないといけません。そこに残りの修飾語をなるべく自然な位置に書き入れます。

そうすると次のようになります。

①を中心とした文
北海道の実家からじゃがいもやとうもろこしが入った荷物が届いた。

②を中心とした文
北海道の実家から届いた荷物にはじゃがいもやとうもろこしが入っていた。

◎指示語の言い換えと語順の入れ換え

さきほどの例題では、「指示語の内容をおさえる」と「言葉の順序を入れ換える」という二つの作業を行っています。それについてもう少し詳しく説明していきましょう。

①北海道の実家から荷物が届いた。
②それにはじゃがいもやとうもろこしが入っていた。

この二つの文を見比べると、②の文には「【それ】には」という指示語が入っています。この【それ】とは「荷物」のことを指していますから、ここは「【荷物】には」と言い換えることができます。

かといって、単純に①＋②として、

北海道の実家から荷物が届いた【荷物】にはじゃがいもやとうもろこしが入っていた。

とすると、二文をつなげた部分が「荷物が届いた【荷物】には」となってしまいますから、この部分にちょっと工夫をしなければなりません。

ここでは「実家から荷物が届いた。そしてその荷物には」という文を一つの文にしたいわけですから、これを「実家から届いた荷物には」とすると、解答例のようなきれいな一文ができあがることになります。

ここで、少し練習をしてみましょう。次の二つの文を、①を中心とした一文と、②を中心とした一文にしてみます。練習二はちょっと難しいかもしれません。

【練習一】
①川の向こうに公園があります。
②そこでは菜の花がたくさん咲いています。

【練習二】
①その男は今年もサンタクロースがやってくるのを待っていた。
②実は子どものときに本物のサンタに会ったことがあるのだ。

〔解答例〕
【練習一】
①を中心とした文
川の向こうに菜の花がたくさん咲いている公園があります。
②を中心とした文
川の向こうにある公園では菜の花がたくさん咲いています。

【練習二】

①を中心とした文

子どものときに本物のサンタに会ったことがある（その）男は今年もサンタクロースがやってくるのを待っていた。

②を中心とした文

今年もサンタクロースがやってくるのを待っていたその男は実は子どものときに本物のサンタに会ったことがあるのだ。

〔解説〕

練習一の①を中心とした文では、「そこ」を「公園」と言い換えています。

②を中心とした文では「川の向こうに公園〜」と元の文のまま書こうとしてもうまくいきません。そのため語順を少し入れ換えて「川の向こうにある公園」とするのです。この語順の入れ換えがすんなりとできるようでしたら、お子さんにはかなり力があると思って大丈夫です。

実は、練習二の②の文には主語が省略されています。そのため二文を一文にするのがちょっと難しいかもしれません。②の文に主語を書き入れると、「実は【その男は】〜会ったことがあるのだ」となります。こうすると少しわかりやすくなると思います。

指示語問題も決め手は要約力

文章を読んでいて指示語が何を指しているかがわからないということは、その文章の内容が読みとれていないということになります。これを会話に置き換えると、「彼は〜」「それを〜」と会話で言っておきながら、「彼」とはだれか、「それ」とは何かがわからないまま話しているようなものです。

もし会話の相手が「それ」と言ったときにその内容がわからなかったとしたら、普通は「それって？」と確認するのではないでしょうか。ところが文章の場合は書き手が目の前にいないので確認できませんし、それ以前に自分がその指示語を理解できているのかどうかもわからないままぼんやりと読み進めてしまいます。結局、その文章が何を伝えたかったのか、わからないままなんてことにもなりかねません。

国語の入試問題には、この指示語について問う〝指示語問題〟が必ず出ます。これにしっかり答えられるかどうかの決め手となるのが要約力です。
まず次の文章を見てください。

現在の繁栄をもたらした有力な武器に科学・技術ということがある。本来、科学と技術は分けて考えるべきなのだが、日本では科学技術としてひとつのもののように考える人が多い。そのときの科学はヨーロッパ近代に起こった近代科学を手本として、研究者はものごとを客観的に、つまり、その対象と無関係な立場に立って研究し、そこに因果の法則を見いだす。【それ】と技術が結びつくと、今日の電気機械のように、マニュアルに従ってボタンを押すと、機械が思うように操作され、望ましい結果が得られることになる。

（「日本人はいま幸福か」河合隼雄・読売新聞二〇〇四年四月一四日夕刊）

この文章は中学受験レベルです。お子さんは難しく感じられるでしょうか。
この五行目に「それ」とあります。この「それ」が指すものを本文から抜き出しなさいと指示されたら簡単でしょう。答えは「因果の法則」です。

では、「一五字以内で答えなさい」と指示されたら、お子さんはどう答えるでしょうか？

これには、ただの抜き出しではなく、前文のポイントをつかんで簡潔にまとめる力が必要になってきます。

まずここでもっとも大切な言葉は「因果の法則」なのですから、この言葉は答案の最後に置かないといけません。**国語では、このもっとも重要な言葉を最後に置くというルールも大切**です。

次に、「そこに因果の法則を見いだす」というところに着目し、これを三つの部分に分けて「そこに／因果の法則を／見いだす」としたとき、この語順をかえることができるでしょうか。それがごく自然にできる生徒はなかなかの力を持っているといえます。

語順を入れ換えて、「因果の法則」を最後につけると、「そこに見いだした因果の法則」となります（「見いだす」とそのまま書くより「見いだした」としたほうが自然です）。

しかし、答案に「そこ」というような指示語を使わないというのは鉄則ですから、「そこに」というのは他の言葉にかえる必要があります。

そこで次にだれが「見いだしたのか」を考えれば、「研究者」だとわかりますから、それを書き入れて「研究者が見いだした因果の法則」と書けたらパーフェクトです。

このように指示語問題でも、前文から必要なところを的確に抽出し、それを単に抜き出して終わりとするのではなく、語順を入れ換えて答えをつくるという作業を行うことになります。それには、文章を的確にまとめる要約力がもっとも必要になってくるのです。

次の文章を読んでください。（小四・小五レベル）

> アフリカにむかしから住んでいる人たちのなかには、奥地にゴリラがいるという人たちがいましたが、ヨーロッパ人はそのことについて半信半疑でした。しかし、とうとうゴリラのほんものに、ヨーロッパ人も出あったので、やはり、【話はほんとうだったのだな】、ということになったのです。
>
> **【問】**「話はほんとうだったのだな」とありますが、どのような話だったのでしょうか？句読点をふくめて三〇字以内で答えなさい。

これは「指示語問題」そのものではありませんが、形を変えた指示語問題のようなもので考え方は同じです。「三〇字以内で」と字数に条件がありますから、まずは、その前に書かれていることをまとめないといけません。

実際に小学四年生が書いた答案を見てください。

Rくん　ヨーロッパの人がゴリラはいないと思っていたこと。
Tさん　アフリカにいる人たちが、奥地にゴリラがいたという話。

まずRくんの答案では「いないと思っていたことがほんとうだったんだ」、つまり「ほんとうにいなかったんだ」ということになりますから本文とは正反対です。

それに問いでは「どのような話？」ときいているのに、「～こと」と答えていて答え方が質問にぴたりと合っていません。

また字数も少し足りません。

次にTさんの答案ですが、これは「～人たちが～ゴリラが」と主語が二回出てきてしまっています。

中にはさまれた「（奥地に）ゴリラが―いた」は主語―述語になっていますが、「アフリカにいる人たちが」という主語に対する述語は見当たりません。

おそらく「言う〈言った〉」という言葉を差し入れて、

「アフリカにいる人たちが、奥地にゴリラがいたと〈言った〉という話。」

としたかったのでしょう。


これだったら「ゴリラが─いた」「アフリカにいる人たちが─言った」と二組の主語─述語も整い、字数も三〇字でちょうどいいのですが、それでもまだ一つだけ問題があります。

「奥地にゴリラがいた」ではどこの「奥地」なのかがわからないのです。ですからここは「アフリカの奥地に」としたいところですが、そうすると今度は字数オーバーです。


ではどうするか？

「だれかが／言った／〇〇という／話」だと長くなってしまうので、この語順を入れ換えて「〇〇という／だれかの／話」とすれば短くまとまります。


〈解答例〉

アフリカの奥地にゴリラがいるというアフリカの人たちの話。


このように必要なパーツを取り出してあれこれ加工し、新たな一文にすることができれば、レベルの上がった指示語問題も的確に回答することができるようになります。それには何より要約力がものをいうのです。

段落単位の要約文にチャレンジしよう

次は段落単位で要約して一つの文にする学習です。

普通一つの段落には複数の文が含まれていますが、それらを要約して一文にするには、大切な部分はどれかを見つけ、それらを組み合わせて文章にしなければなりません。そのために、あれこれと頭を使い、手を動かして文章をいじります。

お子さんは、慣れるまで面倒がるかもしれませんが、楽ばかりしていては力はつきません。たっぷり脳に汗をかいているうちに、それが次第に快感になってきたらしめたものです。ここまでできるようになれば、あとはどんどん要約文を書く練習を続けていくだけです。確実にお子さんの国語力がアップしていくのを実感してもらえることでしょう。

【課題二】次の文章を六〇字以内の一文でまとめなさい。ただし、書き出しは「ディスカッションでは」とすること。（中学生レベル）

言葉によって思考を進めるという活動が、ディスカッションにおいては、集団思考という構造をとることになる。個人の思考活動には能力の限界があるが、ディスカッションにおいては、互いに触発されることによって、個人の限界を越えて思考が展開され、また、メンバーの能力の総合によって、はるかにすみやかに、また深く、問題の本質に迫り、その解決に近づくことができる。（一七四字）

〔解説〕

文章を読みながら、自分なりにキーワードや重要な箇所だと思えるところに印をつけると、そのあとで要約文を書くときの助けになります。印のつけ方に正解はありませんから、これだと思うところに自由に印をつけていってかまいません。

たとえば、次のように印をつけます。

言葉によって思考を進めるという活動が、ディスカッションにおいては、集団思考という構造をとることになる。個人の思考活動には能力の限界があるが、ディスカッションにおいては、互いに触発されることによって、個人の限界を越えて思考が展開され、また、メンバーの能力の総合によって、はるかにすみやかに、また深く、問題の本質に迫り、その解決に近づくことができる。

この場合はキーワードを「ディスカッション」・「集団思考」と見て、その二つを四角で囲んでいます。

そして他に重要そうなところには波線をつけ、これらをつなぎ合わせて、次のように書いてみました。

〔解答例〕

ディスカッションでは集団思考という構造をとることになるため、互いに触発されることによって、個人の限界を越えて思考が展開され、すみやかに、また深く、問題の本質に迫り、その解決に近づくことができる。（九七字）

しかし、これでは九七文字もあります。課題には「六〇字以内で」という条件がありますから、もっともっと短くしないといけません。

このように、最初から指示された字数にピタッと収まることなんてありません。最初に答案を書いてみたらかなり字数オーバーになってしまうことなんて、だれもがやってしまうことです。

大切なのはここからです。ここからどうすれば指定された字数に収めることができるだろうかと頭を使い、手を動かしてあれこれやってみることで国語の力がつくのです。この作業がいちばん大切なところですから、ここでこそがんばってほしいと思います。

前頁の解答例の場合、まず一回目の書き方では約四〇字もオーバーしていたため、どこかを思い切ってばっさりと切らないといけません。

そのため解答例の真ん中あたり、「互いに触発されることによって、個人の限界を越えて思考が展開され、」を消すことにします。これだけで三〇字くらいあります。

せっかく波線をつけたところですが仕方がありません。

ここを消すと次のようになります。

ディスカッションでは集団思考という構造をとることになるため、すみやかに、また深く、問題の本質に迫り、その解決に近づくことができる。（六五字）

これで六五文字です。

あと五文字！　ここまでくればあとは微調整です。

たとえば、「構造をとることになるため」を「構造をとるため」としてみましょうか。こうすれば、これだけで五文字減ります。

以上のことを踏まえると、最終的な解答として次のようなものが考えられます。

〔解答例〕
ディスカッションでは集団思考という構造をとるため、すみやかに、また深く、問題の本質に迫り、その解決に近づくことができる。（六〇字）
ディスカッションでは集団思考が行われるため、個人の思考よりすみやかに深く、問題の本質に迫り、解決に近づくことができる。（五九字）

【課題二】次の文章を六〇字以内の一文でまとめなさい。ただし、「社会生活の運営や政治、あるいは」を書き出しの言葉とすること。（中学生レベル）

社会生活の運営や政治が、その方法の基本をすべてディスカッションにおくようになり、学問の世界でも、自然科学・人文科学ともに共同で研究することが盛んになってきて、これも方法の中にディスカッションという課程を取りこむようになり、ディスカッションの能力の訓練は、近代人にとって重要なものになってきた。ディスカッションに加わるメンバーに基本的な態度や能力がそなわっていないと、ただ時間の浪費と手順のわずらわしさをまねくことになったり、めいめいの特徴を殺して、程度の低い平均値的な結論だけを生んで、かえって進歩を阻害したりすることになる。

〔解説〕

この文章は一文が長いため、ポイントをつかみにくいかもしれませんね。そういった場合でも、キーワードや重要だと思われる箇所に印をつけるとまとめやすくなります。

第一文でおさえるべきところは三行目から四行目にある「ディスカッションの能力の訓練は、近代人にとって重要なものになってきた」というところです。

その前に、どうしてそんなにディスカッションの能力の訓練は重要なのかという理由が書かれています。その理由とは「社会生活の運営や政治、あるいは学問の世界でもディスカッションが取りいれられたから」です。

次に「ディスカッションに加わるメンバーに基本的な態度や能力がそなわっていないと」ではじまる第二文には、ディスカッションの能力がそなわっていないとどんなマイナス面があるかが書かれています。ここで言いたいことは結局、「ディスカッションの能力は大切だ」という第一文のくり返しになっています。ですから、第二文は書く必要はありません。

そうすると、次のような要約文ができます。

〔解答例〕

社会生活の運営や政治、あるいは学問の世界でもディスカッションが取りいれられ、その能力の訓練が重要なものになってきた。（五八文字）

論理的文章の要約文を書いてみよう

お子さんが小学生の場合は物語のあらすじだけでも十分なのですが、それができるようになり、まだ余裕があるなら、さらに上を目指して随筆や論説文の要約をやってみるといいでしょう（理科的な解説文は避けたほうが賢明です）。

ただし、それはあくまでもお子さんに余裕のある場合だけにしてください。国語を苦手としている子はそこまでやる必要はありません。そこまでやらなくても中学受験に必要な国語力はつきますので心配ご無用です。

お子さんが中高生の場合は最初から論説文を要約するようにしてください。問題集によっては要約しやすいものも、しにくいものもありますので、お子さんが自分でやれそうだと思うものをやっていけばいいでしょう。難しすぎるものを無理してやる必要はありません。

問題集選びのポイントは論説文の数がどれくらい掲載されているかです。一冊のページ数はかなりあっても、知識分野や韻文、あるいは古文などに多くのページを充てているものですと、論説文は五題程度しかないものもあります。それでは、せっかく購入しても、結局使わない部分がほとんどで無駄が多くなってしまいます。

問題文のレベルは各自のレベルに合わせ、場合によっては、一つ下の学年のものを使ってもかまいません。また、国語という教科は中高の境界があまりありませんから、高校生が中学生の文章を要約してもかまいません。私立高校によっては入試問題の文章がかなり難解なものもあり、大学入試用問題よりレベルが上ということもままあります。力がついてきたら、そうしたものを使ってみてもいいでしょう。

概して各県立（国立を除く公立）高校の入試問題は文章の長さも難易度も標準的ですので、中学生なら実力レベルに関係なく誰でも利用しやすいと思います。

では、いよいよ論説文の要約に入っていきます。

【課題二】次の文章を六〇～八〇字の二文にまとめなさい。（中学生レベル）
ここでは、解説しやすいよう各文に①～⑥の番号をつけています。

①新聞の使命は、ニュースの報道にあるし、読者が求めるものも、そこにあるのだが、ニュースを提供してくれるのは、新聞だけではない。②ラジオもあり、テレビもあって、盛んにニュースを報道してくれる。③速度の点から言えば、むしろラジオやテレビのほうが、新聞よりはるかに速い。④しかも、事件の移り変わりを刻々に伝えてくれる。⑤たとえば、台風が襲ってきたような場合などは新聞の報道ではとても追いつかない。

作業1　二文を一文に

まずこの文章は全部で五つの文があります。
それぞれの関係を見ましょう。
①の主語―述語は「ニュースを提供してくれるのは―新聞だけではない」です。これを

読んだ人は「新聞だけでなかったら他に何があるんだよ？」と思っていますから、筆者もすぐにそれを②で説明しています。「ラジオもあり、テレビもあって」と。

そこで作業1です。この二文を一文にまとめてみましょう。

①からは主語述語だけをとって、②に続けるようにまとめます。

> ニュースを提供してくれるのは、新聞だけではなく、ラジオやテレビもある。

作業2　同じ内容や例は省略可能

次に③と④ですが、これは内容が同じだとわかりますか？

③では「速度ではラジオやテレビのほうが新聞よりはるかに速い。」と言っていて、④でも「事件の移り変わりを刻々に伝えてくれる。」とあります。

この④で言っていることは、「事件に移り変わりがあるたびにすぐに伝えてくれる」ということであり、結局はその伝え方がラジオやテレビのほうが速いということです。

そして⑤では「たとえば」とあって、ラジオやテレビのほうが伝え方が速い例を挙げています。

例はいつも省けるというものではなく、ときには例を書かないと何のことを言っているのかピンとこないことがありますが、ここで取り上げた例文の場合は、「台風」の例は書かなくても、報道のスピードではラジオやテレビのほうが速いということは十分わかるでしょう。

だとすると、③、④、⑤で言おうとしていることは結局③の「速度ではラジオやテレビのほうが新聞よりはるかに速い。」ということだけになります。

そこで①と②をまとめた一文と、③と④と⑤をまとめた一文をつなげると、

> ニュースを提供してくれるのは、新聞だけではなく、ラジオやテレビもある。速度ではラジオやテレビのほうが新聞よりはるかに速い。

ということになります。これで要約の完成です。

このように要約文を書く方法が飲み込めてきたら、あとはその延長線で数多く練習するだけです。

【課題二】次の文章を一〇〇字以内にまとめなさい。ただし、書き出しは「しかし」とし、二文で書くこととする。

しかし、人々は、やはり、新聞を読むことをやめない。すでにラジオやテレビで聞いたり、見たりした野球の試合を、また新聞で楽しみながら読んでいる。ニュースであり、実況放送であるから、それを聞いたり見たりしてしまえば、もうよさそうなものなのに、ふたたび新聞でそれを読み返すということは、いったいどういうことであろうか。

〔解説〕

この課題には、「一〇〇字以内で」「二文で」「『しかし』からはじめる」という三つの条件があります。どの条件も抜けないように気をつけてください。

★この問題は読者サービスとしてご希望の方には筆者が直接添削をいたします。お子さんの書いた要約文でどうなのだろうと思われる方は左記URLからお申し込みください。URL（http://bit.ly/Z8whTD）

要約文の実例【ビフォー・アフター】

要約文を書く学習では、それまで国語ができなかった問題点が次々と明らかになってきます。それが要約文を書く作業をくり返すうちに修正され、国語力アップにつながっていくのです。

そのことを実感していただくために、私が指導する通信講座受講生の要約文をお見せします。ミッキーマウスについて書かれた文章を三五〇字以内でまとめてくださいという課題に対して、ある高校一年生が提出してくれた要約文です。

【ビフォー】の要約文は、意味のわからないところがたくさんあります。そこで、私のほうからいくつか問題点を指摘し、書き直してもらいました。それが【アフター】の要約文です。明らかに文章がよくなっていることをわかっていただけると思います。

【ビフォー】

ある日ディズニーが数匹のネズミを飼っていて引越しの際にネズミ達を離した時、一匹のネズミが名残惜しそうにディズニーを見つめていた。それがミッキーの誕生となるきっかけの話しであった。ミッキーは冒険心、正義感や洗練とは緑深く、また少年のような野心。裸一貫からたたき上げた人間への憧れ。そして生涯一人の女性を大切にする心。ミッキーは米国人の人気者となった。それから、初めは素手に裸足。やがて靴を履き、手袋をはめ、眉毛も生えて人間に似てきた。それから、人々からの余地を奪い、あまりにも人工的な世界を作り、今では彼の世界は夢の世界とふさわしい状態に陥っている。

どうですか？

これはもともとの課題文がないから内容がわかりにくいというものではありません。要約文とは、そもそも元の文がなくても意味が通じるものでなければなりません。要約文ではわからないからといって本文を参照するのだったら要約文の意味がありません。

とにかく、この要約文には意味のわからないところがたくさんあります。おそらく自分でも意味がわからないまま、とにかく原稿用紙を埋めたのだろうと思われます。

そこで私は、この要約文について、次のような点を指摘しました。

①一行目の「離した」は誤字です。正しくは「放した」です。
②三行目の「話し」は送りがな間違いです。名詞で使うときは「話」です。
③三行目の「縁深く」は正しくは「縁遠く」です。意味がわからないまま、ただ本文を書き写そうとするとこんな失敗をしてしまいます。

また、三行目を「冒険心、正義感や洗練とは縁遠く」と書き直したとしても、冒険心から縁遠いだけでなく、正義感からも、洗練からも縁遠いという意味になってしまいます。「洗練から縁遠い」だけならまだしも「冒険心からも正義感からも縁遠い」となると、単なるダメなやつ、悪いやつということになってしまいます。
④最後の一文「それから、人々からの余地を奪い、あまりにも人工的な世界を作り、今では彼の世界は夢の世界とふさわしい状態に陥っている。」が、この要約文の最大の失敗です。読んでも意味がわからないからです。（具体的指示はここでは割愛します）

以上のことを指摘した後、この高校生が書いたのが次の要約文です。

【アフター】

ミッキーマウスが誕生して六〇年になる。人畜無害のいいやつで、窮地に陥っても笑った表情で自ら何とかする可愛いやつだと原作者のディズニーは言った。ミッキーはディズニーとよく似ている。冒険心。正義感。洗練とは縁遠い。少年のような野心。人間への憧れ。生涯一人の女性を大切にする心。また素手に裸足から、靴を履き、手袋をはめ、さらに眉毛も生えてきて、人間に似てきた。

ミッキーは子どもたちへの影響が大きく、模範少年になる。あとから誕生させたドナルドダックが暴れん坊の性格を担当する形になった。ディズニーは、人々からの想像の余地を奪い、人工的な世界を作ったと批判があるが、他国にも彼の世界は広がった。その中心にミッキーがいる。ユニセフの親善大使にミッキーをという話は、任命せずと決まった。ミッキーは、夢の世界こそふさわしい。

どうでしょう？　見違えるものになっていると思われませんか。それだけ文意の理解が深まり、大切な部分をつかんで要領よく文章にまとめる力、つまり国語力のアップにつながっているのです。もちろん、偏差値にも変化が出てくるでしょう。

4章

国語力を高める
もう一つの方法
「語彙力アップ」

語句の意味を調べよう！

子どもたちは、文章を読んでいてはっきり意味のわからない語句があっても、何となく通り過ぎてしまいます。国語辞典で調べるなどという面倒なことは、子どもにとって苦痛以外の何物でもありません。とくに国語を苦手としている子がこんなことをやるとはまず思えませんし、平気でこのようなことを子どもに指示する教師は子どものことを本当には理解していないのだろうと思います。

これは読書嫌いな子どもに読書しなさいと言うのと同じで、野菜嫌いな子に野菜を食べなさいというようなものです。食べるはずもありませんし、そんなことは本人にとって苦痛以外の何物でもないでしょう。

ところが、要約文を書こうとして文章を読んでいると、自然にそうした語句の意味に関心をもつようになります。

わからない語句があったら、その意味を確認するという習慣が身についてくると、子どもたちの語彙力は一気にアップしはじめます。それにつれて国語力が伸びることは言うまでもありません。

要約文を書く作業に合わせて、次のような作業もすると、子どもたちの語彙力をさらに確実にアップさせる助けになると思います。

◎漢字練習のときはまず意味から入る

おそらく多くの塾では漢字テストが授業内で実施されていることと思います。また学校でも、国語の時間や一時間目がはじまる前などに小テストが実施されているのではないでしょうか。

しかし、ほとんどの生徒はそこに出てきた語句の意味をまったく考えず、ただ単に漢字の読み書きをするだけに終わっているのではないかと思います。目先の小テストでとにかく得点することだけが目的になっているのではないでしょうか？

私は「漢字の小テストなんかできなくても、たいした問題ではない」とよく子どもたちに言います。つまり、ただ単に読めるようになりました、書けるようになりましたというよりも、「**書けない読めないけれど、意味はわかる**」ということのほうが大切だということです。それを口を酸っぱくして生徒に言います。

	読み書き	意味
①	○	○
②	×	○
③	○	×
④	×	×

○＝できる、わかる
×＝できない、わからない

表にある①は「読み書きも○、意味も○」ですから、「読み書きもできて、意味もわかる」ということです。これがいちばんいいのは言うまでもないことです。「読み書きもできない、また意味もわからない」という④が最低なのもまた自明です。問題は②と③です。多くの子どもたちは③の状態ではないでしょうか。

つまり、「漢字小テストなどのために読み書きだけの、その場限りの上っ面の学習をして漢字は書ける（読める）ようになってはいるが意味はわからない」という子がほとんどではないかと思います。

それよりも「意味はわかるがうまく読めない、書けない」という②のほうが、先々の人生で本当に必要な国語力になることは容易におわかりいただけるでしょう。

このことは、英語にたとえるとわかりやすいと思います。

私たちが英単語を覚えるとき、決して読み方や書き方だけを覚えることはしません。必ず意味を確認したうえで、単語の発音なりスペルなりを覚えています。これは漢字の読み書きに相当します。英単語を覚える際、意味の理解なしでスペルや発音だけを練習することはまずないのです。

しかし、これが日本語となると事情は一変します。漢字の意味はろくに調べもせず、上っ面の学習（漢字の読み書き）だけに終始してしまうのです。これでは真の国語力はつきません。

そもそも、漢字練習の本当の目的とは何でしょうか。漢字練習のための漢字練習では、目先の小テストでは高得点が取れて小さな満足を得られるかもしれませんが、その先の「文章が正しく読めるようになるため、書けるようになるため」、あるいは「会話で正しく意思の疎通を図るため」という大きな目的に対しては何の効果もありません。

ですから「漢字練習のときに必ず意味を確認しよう」ということがまずは学習のスタートだとお考えください。ただし、これに関しては次の六つの注意点があります。

(1)本当に知らないものだけを調べる

(2)ノートに書いて終わらない
(3)文全体で考える
(4)覚えるのではなく自分の頭でわかる
(5)具体例を思い浮かべる
(6)大人に聞く

一つずつ見ていきましょう。

(1)本当に知らないものだけを調べる

以前、「窓」という語の意味を国語辞典で調べている小学六年生がいました。小学校の高学年にもなって「窓」を知らない子はまずいないでしょう。「犬」でも「机」でも身近な物はいわゆる「基礎語」といわれるもので、説明をするまでもなく、みんなが当然のこととして知っているはずのものです。

うまく言葉にして説明できなくてもかまいません。「窓」や「犬」なんて、誰だってうまく説明できるものではないのです。正しく定義することがここでの目的ではありません。うまく説明はできなくても、物を指さして「これ！」と言えれば、それだけで十分です。もっとも「猫」を見て「熊！」と言うようでは困りますが（ただし、形状をもった具体的な物体ではない抽象語の場合については後ほど説明します）。

このように、わざわざわかっているものまで調べる必要はありませんし、そんなことに時間をやたらとかけてはいけません。ところが、真面目な子どもほどすべて調べようとしますから、そうならないよう知らないものだけ調べれば十分だと教えてあげてください。もし、時間をかけて勉強している割にお子さんの国語力が伸びないとしたら、こうしたことも要チェックです。

ところで、一般的に漢字書き取り問題と読み方問題を比べると、後者のほうに意味の難しい語がより多く含まれています。たとえば、書き取り問題が二〇問あったとして、その中に本当に知らない語句はどれくらいあると思いますか。もし近くにお子さんの漢字問題集があったら、手に取り、適当なページをめくってみてください。私の経験では、辞書を引く必要のある語句は書き取り問題で全体の一割程度で、読み方問題はそれより一割前後多いといったところでしょう。

とにかく本当に見当もつかないという語句だけを国語辞典で調べ、「あ、そういうことか！」とわかること、これがもっとも重要です。

　もちろん、なかには、自分ではわかっているつもりでいたが、実は意味が違っていたという語句もあるでしょう。しかし、勉強をしているその時点では本人はわかっているつもりなのですから、そのままにしておいていいのです。完璧主義であまり細かく調べているど、ついにはすべての語を調べないといけなくなってしまいます。それでは時間の無駄です。与えられた時間が限られている中学・高校受験では最小の努力で最大の効果をあげるべきです。

　反対に、たぶんこうだと思うが自信がないということもあるでしょう。そんなときでも時間に余裕がある場合だけ調べるようにしてください。思い違いがあっても一向にかまいません。気にしないで次に進みましょう。

(2)ノートに書いて終わらない

　これまた、真面目な子によく見られることですが、国語辞典で調べると、それをノートに一所懸命に書き写します。ノートに書くことが悪いのではありません。ノートに書いたほうが覚えやすいという子もいるでしょう。また、ノートに書いたほうが後日、もう一度見直すときに便利でもあります。

しかし、ノートに書いてそれで勉強した気分になり、自分の頭では本当は何にも理解していないままで終わるのでは、すべて徒労となってしまいます。意味を調べるのは文字の練習をするためではないのですから、書くことが中心になってはいけません。あくまでも「わかる」ことが目標なのです。

また、ノートを見ないと意味がわからないという状態のままでは、国語辞典を見ないと意味がわからないというのと大差ありません。

⑶文全体で考える・⑷覚えるのではなく自分の頭でわかる

この二点は密接に関連していますので、まとめて説明することとします。

たとえば、「先生、コウセイって何?」などと生徒に質問されても私は答えようがありません。「何、コウセイって?」と私は逆に生徒に聞き返してしまいます。この場合、この語句が文全体の中でどのように使われているのかを考えないと意味のわかりようがありません。

たとえば「コウセイに名を残す。」というのであれば、その段階ではじめて「コウセイ」

の意味がわかり、正しい漢字「後世」が出てくるのです。

六年生の子に「コウセイという漢字を書ける？」と聞くと、子どもの方から「コウセイって、どういう意味のコウセイ？」などと質問してくるようなら、もうすでに国語の苦手な子ではないと思います。

このように、一つの語句だけを見るのではなく、常に文全体の中で理解することが大切なのです。

もう一つ例文を挙げて説明します。「田中医院は村民に重宝がられている。」という文があり、この中の「重宝」（チョウホウ）の読み方を学習したとします。この語句の意味がわからないので国語辞典で調べると、

ちょうほう【重宝】
①希少価値が有って、大切な宝。じゅうほう。
②役に立って、便利なこと。
（三省堂『新明解国語辞典』第五版）

とあります。

では、このように調べた後はどうすればいいでしょうか。

文全体の中で考えながら、この辞典にある言葉をわかりやすい言葉に置きかえ、自分の頭で本当に「わかる」ことが大切なのです。

そのための練習として、私はよく子どもたちに次のように言っています。

「みんなに小学校二年生か三年生くらいの弟妹がいるとします。その子が『お兄ちゃん（お姉ちゃん）、これどういうこと？』と聞いてきたとき、弟妹にわかりやすく説明してあげられる、それくらいに自分の中で『わかる』こと、自分なりに『砕く』ことが大切なんだよ」と。

さらに言えば、それを自分の言葉でわかりやすく言えることが望まれます。

前出の例文の場合ならば、「田中先生というお医者さんがいてね、その人が村の人たちにとても大切にされているんだよ。きっとこの村にはあまりお医者さんはいないんだろうね」などと弟妹に説明できれば最高です。

その際、説明する相手を決して大人にしてはいけません。あくまでも小さな弟妹でなければなりません。なぜなら、子どもがそれらしいことを言い、正解に近いことを言おうとした段階で大人はすぐに先回りしてそれを理解してあげようとしてしまうからです。それでは、子ども自身が、まだよく意味がわからないままになってしまいやすいのです（「大人がどのように関わるか」ということも大切なので、後ほど改めて述べることとします）。

文全体の中で漢字の意味を考え、わかるようにする学習には、次のような効果も期待できます。

たとえば、書き取り問題として「その提案にイギを申し立てる」の「イギ」を書かせる問題があるとします。その際もちろん「イギ」の意味を理解しなければなりませんが、そのとき、文全体を考えていると、「提案」の意味も気になります。もしわからなければ、これも調べることになります。

このように、文全体の中で漢字の意味を調べる習慣は、一つの漢字だけでなく、同じ問題文の中にある他の漢字の意味もはっきりつかんで、文全体を理解する力を子どもたちの中に育ててくれるのです。

先ほど、国語辞典に書いてあることをそのまま覚えるのではなく、自分の言葉にしてわかることが大切だと述べましたが、(4)の「覚えるのではなくわかること」はまさしくこのことを指摘しています。

たとえば、子どもよりはるかに多くの言葉を使って生活している私たち大人でも、国語辞典に書いてあるまま意味を覚えている言葉は、はたして何語ぐらいあるでしょうか。おそらく一語もないだろうと思います。それでも、たいていの言葉の意味はなんとなく理解しています。

国語の学習でも、これが大切なのです。そもそも国語辞典のまま覚えようとしても覚えられるものではありませんし、仮に覚えてもそんなものはすぐに忘れてしまいます。国語の学習だからと無理矢理頭に詰め込んでも、自分の頭で意味がわかっていなければ国語力は伸びてきません。

(5)具体例を思い浮かべる

たとえば「自然ゲンショウを観察する」という漢字書き取り問題があったとき、「現象」という語句を国語辞典で調べ、

げんしょう【現象】

①あらわれて見える形。ありさま。

②目や耳や手などで感じとったようす。物ごとのうわべのようす。

（小学館「例解　学習国語辞典」）

という説明を読んで、それだけで終わってはいけません。ノートに書き写して終わりという勉強方法もいけないことはすでに書きました。

今ここで使用した国語辞典は小学生向けに作られているものですが、よく見てみると私たち大人でもなんだかよくわからない説明になっていることに気づきます。

「あらわれて見える形」とは何でしょう。私たちは盲目でない限り、眼前に世界は広がっており、さまざまな形が見えているはずです。目の前に友人のタロー君がいるとき、タロー君は確かに見えますし、彼をさわれば手で感じとることもできます。しかし、それで「現象」という語を本当に理解できたと言えるのでしょうか。

ここで大切なのは、(3)と(4)でも指摘したように文全体で考えてわかることですが、それには具体例を思い浮かべることも大切です。

「自然現象を観察する」わけですから、その現象は自然界の現象です。では、自然界には具体的にどのような「現象」があるでしょうか。

私が現在担当している生徒に聞いてみたところ、「オーロラ」「竜巻」「崖崩れ」「落ち葉」

など、いろいろな例が出てきました（「その通り！」と思えるものから「ン？」と思うようなものまでいろいろと……）。

これらの答えが自然界の現象として当てはまっていることはもちろん必要ですが、それよりもっと大切なことは、子どもたちが具体的な例を自分なりに思い浮かべているかどうかなのです。

ここで、はっきり言いますと、辞書に書いているような抽象的なことを答えるだけで、具体例を思い浮かべることができない子、そんな子がいちばん国語はできません！

国語のできない子は、自分でも何を言いたいのかわからないことを言います。たとえば、答案に「変なかっこうで歩いてきた」と書いてあるので、「この変なかっこうってどんなかっこうなの？」と質問すると、答えることができません。

心の中に言いたいことはあるがうまく表現できないだけという場合は、いずれ芽が出てくるのであまり心配する必要はありません。それよりも重症なのは、本人も何を言いたいのかわからずにとりあえず言葉を発しているような場合です。言葉の向こう側にある具体的なイメージができていないのです。「変なかっこう」と言いながらそのイメージができていないのです。

ですから、本当に国語ができなくて困っている場合は、お子さんにこのような傾向がないかどうかをチェックし、もしそうならば、そこから解きほぐしてあげることが必要になります。

それには具体的にどうすればいいのか、答えは簡単です。

ひたすら具体例を言う練習です。簡単なことからでいいのです。たとえば、

「秋の食べ物といったら何を連想する?」

「夏休みと言えば何を連想する?」

「自然という言葉から何を連想する?」

「いやな人ってどんな人?」

「変なかっこうで歩いてきたって、いったいどんなかっこうなの?」

「日本文化ってどんなものだと思う?」

などと問いかけ、それにお子さんが答える機会を増やしてみてください。

このようなやりとりを普段からくり返していますと、お子さんの頭の中に具体的な像を思い浮かべる習慣ができていきます。

お子さんが言葉を発したとき、同時に具体的なイメージが頭の中で結ばれているように

なれば、一気に国語の苦手意識を克服できます。

このように、身近な例を思い浮かべることは本物の国語力をつけるうえで、とても大切です。国語辞典で言葉を調べたときもこれがちゃんとできると言葉の意味を自分の言葉でしっかり理解できますし、時間が経ってもその言葉の意味を忘れるということはありません。しかし、理解をせずにただそのまま無理矢理にでも覚え込もうとすると、それはたいへんな労力であり、しかもすぐに忘れてしまうこととなります。

⑹大人に聞く

国語辞典で調べる言葉が、物体として存在するもの、目にみえるもの、手に触れることのできる具体的な形状を持ったものであれば、話は簡単です。しかし、次のような例もあります。

「人間のホンシツを追究する」
「セイジツな人」
「本質」「誠実」、これらは目に見ることのできない抽象語です。具体的に思い浮かべることが大切であると前述しましたが、思い浮かべようにも形状を持っていないのですから、それも不可能です。

私はときどき、生徒に向かって「誠実な人」とは「僕みたいな人だと考えるとわかりやすいでしょ」と言いますが、生徒からはブーイングの嵐です。まぁ、ブーイングするということは「誠実」という言葉をなんとなくわかってくれているということですから、それだけでもいいのですが（もし、「僕みたいな人のことだよ」と言ったときに、そこで全員大きく頷いたりするともっとやりにくい！）。

こうした抽象語が出てきたとき、国語辞典で調べてその説明を読んでも、おそらく国語を苦手としている子どもほど理解しにくいでしょう。

このようなときは（あくまでも、まず子どもが自分で調べたうえでのことですが）、大人に質問をすべきです。質問された大人は言葉を次々と繰り出して、説明をしてあげてください。あっちの角度から、こっちの角度からいろいろな例を挙げて説明をしてあげてください。いろいろと言葉を尽くした説明を聞くうちに、子どもはまだうまく言葉では表現できないかもしれませんが、なんとなく頭の中にイメージが浮かんできているはずです。

とにかく言葉を多く発してください。一を聞いて十を知りなさいという方法では駄目です。十を言って一だけでもわかってもらう、そんな気持ちで言葉を尽くしてください。

最後にこれがとても大切なのですが、結局どういうことなのかを必ず子どもに言わせてください。だいたいのことが言えれば、学習の初期の段階としては十分です。

このことに限らず、**必ず最後には「子どもからも発信させる」ことが国語学習においてはとても重要**です。それが、後々国語力がどれくらい伸びるかの分岐点になると言ってもいいくらいです。決して子どもを聞き役にして終わってはいけません。

一方的に説明して「わかった?」とたずねても、子どもの返事は「うん!」で終わってしまいます。「うん!」だけでは言葉の学習になりません。子どもが自分の頭の中にあることを自分の言葉で表現しようとすること、これが大切なのです。

「わかったのならもう一度言ってごらん!」というふうに、最後は必ず子どもからの発信で終わるようにしましょう。「うん!」とは言っていたものの、いざくり返して言わせてみると、まったくくずれたことを言う場合も多々あります。最初は説明を聞いたその言葉を同じようにくり返すだけでもやむを得ないのですが、次第に子ども自身のやさしい言葉に置きかえて説明できるようになれば、しめたものです。

◎「どういう意味？」という声があがりはじめます

国語力を伸ばすには漢字練習は意味を調べることから入るほうが効果的であることはおわかりいただけたと思いますが、子どもたちが自らそのことに気づくように、私は授業のなかでよくこんなことをしています。

適当な外国語を五～一〇人くらいの生徒に、私の言うとおりオウム返しに言ってもらいます。たとえばインドネシア語で「カマールケチル！」。これを私の後に続けて、列の前から順に五人～一〇人くらいの生徒に発音してもらうのです。「カマールケチル」「カマールケチル」「カマールケチル」……と。

次はタイ語で「ホーンナーム」。生徒も「ホーンナーム」「ホーンナーム」「ホーンナーム」……と続けます。

それが終わると今度はイタリア語「イル・バーニョ」……。

もうおわかりだと思いますが（そして、きっと皆さんも同じようにお感じだろうと思うのですが）、こういうふうにただ発音だけをしていると、生徒からは次第に「どういう意味？」「どういう意味？」という声があがりはじめます。そうなのです、生徒もちゃんとわかっているのです。意味がわからないとその言葉は使えないし、本当に自分のものにしたことにはならないということを。

そもそも意味もわからないまま発音していると、なんだか落ち着かない気持ちになってきます。ですから、わけもわからずただ発音だけさせられても、納得がいかず意味を知りたがるのです。ところが、外国語ではそのように感じるにもかかわらず、こと日本語となると意味のわからない語が出てきても、その意味を知ろうとせず、そのままにしてしまいます。それでいて、何とも思わなくなっている子どもがほとんどです。つまり、日本語の場合だけ、感覚が麻痺してしまっているのです。

発音だけ覚えても（漢字の読み方だけ覚えても）、その言葉を的確に使うことができないのは明白ですし、他人からその言葉を言われても理解はできません。言葉を本当に自分のものとし、使えるようになること、これがいちばん大切なのです。にもかかわらず、ほとんどの子どもたちは「使えるようになる」ということを考えずに目先の学習（漢字テスト）だけで終わってしまっているのです。

ぜひお子さんにたずねてみてください。お子さんはおそらく漢字の宿題をやっているでしょうが、そのときに知らない漢字が出てきたら意味をきちんと調べているかどうかを。

漢字練習はまず意味を調べることから入るという習慣は、小中学生のできるだけ早い時期から身につけてほしいのです。

そうそう、一つ忘れていましたので付け足しです。

先ほどの「カマールケチル」、「ホーンナーム」、「イル・バーニョ」ですが、これらはすべて「トイレ」を意味しています。

5章

テストの点数をすぐに二〇点上げる五つの方法

国語の試験で点数を上げるには、これまで述べてきた「要約文学習法」と「語彙力アップ」に取り組んで国語力をつければいいのですが、それ以前の問題で点数を落としている場合があります。

大人からすれば、できて当たり前なのにと思えることばかりですが、国語の苦手な子ほど、その当たり前のことがなかなかできません。この章では、そのための対策を紹介します。前章までの勉強法と合わせて実践していけば、かなりの点数アップが可能になることでしょう。

親がしてはいけないこと、親がすべきこと

◎すぐに口をはさむ

私の通信講座ではスカイプを使っての指導も行っていますが、最初の指導のとき、まず生徒との雑談からはじめます。どこに住んでいるのか、駅から徒歩何分か、最寄り駅はどこか（この「最寄り」は漢字問題として入試頻出です。読めない生徒が結構います）、自宅から学校や塾までは何分くらいかかるか、塾へはどのようにして行っているかなどなど。

好きな教科、嫌いな教科を聞くこともあれば、塾での様子（先生の授業の進め方など）を聞くこともあります。塾は週に何回行っているか、それは何曜日か、何時から何時までか、塾は一クラス何人か、何クラスあるのかなどといったことも質問します。

この受け答えだけでその子のもつ国語力がだいたいわかりますし、その子にあった指導法を考える参考にもなります。

通信講座のほかに、私は毎年夏休みに出張家庭教師として要望があれば全国に出かけて行き国語指導をしています。訪問したご家庭では、まず保護者と生徒本人と私の三人で三〇分くらい話をすることからはじめます。これまでの勉強法や成績の現状などの話をしますが、そこでもやはり塾での様子などをたずねます。

そのとき、国語ができない生徒の親に共通しているのは、すぐに横から口を挟もうとすることです。私は子どもに聞いているのに、すぐに親が口出しをしてしまうのです。そのため、子どもも自分で答えることをやめて、すべて親任せにします。

そんな家庭の子どもは概して国語が苦手なようです。

たとえば、塾までの行き方や所要時間をたずねたとき、子どもは大人のようにうまく答えられないだろうことは承知しています。大人のような時間感覚をもっていないことも承知しています。おそらく、塾まで車で送ってもらっても何分かかっているかなんてあまり考えたこともないことでしょう。一〇分かもしれませんし三〇分かもしれません。時間なんてそれくらい子どもにとってはアバウトなものです。

私としてもそんな答えなんて半分どうでもいいのです。わからないことは「わからない」と答えてくれればいいし、塾に行く時間が本当のところ一五分なのにそれを「三〇分くらい」と言ったっていっこうにかまわないのです。そんなことたいした問題ではありません。ただ、質問に対してきちんと受け答えができるかどうかだけを見ているのです。

そのとき、すぐに横から口を挟もうとする親は子どもが伸びる芽を自ら摘んでいることになります。子どももすぐに親に助けを求めるようでは、その先なかなか伸びていきません。試験のときはだれも助けてくれないのですから。

お子さんと対するときは、お子さんがなるべくたくさん話ができるようにしてあげてください。どんなに話がへたでも聞いてあげてください。その積み重ねが大切です。

ついでに言うと、ギャンギャンと口うるさく叱ってばかりの母親がいる家庭もダメです。子どもが萎縮しています。

◎点数ばかり気にする

子どもの勉強を親が見てあげているという家庭も多いでしょう。その関わり方も簡単なアドバイスだけというところもあれば、本格的に「勉強！」という感じで塾以上の指導をしているような家庭まであります。完全に塾に任せっきりにしているお宅ももちろんあるでしょうが、大なり小なり子どもの勉強に親が関わるということは、とくに小学生の場合は多いと思います。

なかには、私のところに「自分も国語が苦手だったのでどんなふうに教えたらいいのかがわからない」と言ってくる親御さんもけっこういます。そんなとき私は、「親の関わり方」について次のようにお伝えしています。

基本的には、回答はお子さんだけに任せ、アドバイスはなるべくしないでいただいたほうがいいと思います。

答えを間違えていても、ぜんぜんかまいません。

中途半端に親が入ってしまうと、私も指導しにくくなりますし、結局お子さんが最終的な答えばかりを求めることになってしまいます。

しかも、親があまり正答にこだわりすぎると、お子さんにそのような意識が植え付けられてしまって、誤答することを恐れるようになってしまいます。

「間違えることを恐れるな」とは大人が子どもによく言うことですが、子どもが間違えることを恐れるようになるのは、正答ばかりを求める大人の責任なのです。

お子さんが間違えることを怖がらないでください。

このようにお伝えしたうえで、通信講座を受講するお子さんの親御さんには、次のようなメール文をお送りして二点のことをお願いしています。

一つは、**モチベーションの維持向上**です。

何カ月もやっていると、途中であまりやりたくない気分になるときもあるだろうと思います。そんなとき、いちばん身近にいる親御さんに、お子さんのやる気を引き出していただきたいのです。

私がお子さんと直接顔を合わせているのであれば、どんな言い方をすればモチベーションがあがるのかもわかりますが、通信講座では顔もわかりませんし、ましてや性格などはさらにわかりません。ですから、ご家庭にはお願いしたいのは、お子さんのモチベーションの維持向上です。

やる気の出ないときのがんばりこそが、本当の「がんばり」です。マラソン選手は順調に走っているときは別にがんばっていません。苦しいときにこそ「がんばる」のです。

もう一つのお願いは**語句の意味用法を教えること**です。

わからない言葉があれば国語辞典で調べてほしいのですが、そのときに、その言葉をどのようなときに、どのように使うのかを具体的な例をあげて教えてあげてください。

お願いしたいのは、以上二点です。

「文中に答えがある」はウソ

「文章の中に解答が必ず隠されているから、よく読みなさい」とはよく聞く言葉です。これについてみなさんはどうお考えでしょうか。

まず、可能性としては以下の三点が考えられます。

①文中に解答がそのまま書かれている。
②文中にヒントがある、あるいはヒントが隠されている。
③解答はおろかヒントらしきものも書かれていない。

①のような問題が出題されている場合、たとえば文中に「春」と書かれていて、季節を問われているのにわからないとしたら、もっと一語一語をていねいに読みなさいと言うか、もう少し違う指導からはじめる必要があるでしょう。受験生だったら、このようにはっきり答えが書かれている場合はそれに気づいてもらうしかありません。
また、②のように、文中にヒントがある、あるいはヒントが隠されている場合は、それに気づく子と気づかない子で得点差が生まれてくるでしょう。

ところが、国語の問題は③のように答えがまったく書かれていないものが随分あるように思います。

「氷山の一角」という言葉があります。一塊の氷山のうち、私たちが見ることのできる水面上の部分は全体の七分の一だそうです。残りの七分の六は水面下の見えない部分。国語の問題もこのような感じではないでしょうか。

つまり、私たち（子どもたち）が文章を読むとき、目に見えている文字は文章が伝えたいことの七分の一でしかなく、実はその後ろに何倍もの意味が隠されているようなものなのです。そこを感じて読み取らないといけないのです。

ところが、「国語の苦手な子」は表に見えている七分の一の部分さえ十分に読み取れていないことが多いのです。

たとえば、次のような問題があります。駒場東邦中学の入試問題からです。

〈あらすじ〉

小学校四年生になったぼく（ヒロシ）は、一年生のときに転入してきた障害のあるタッちゃん（森安くん）と再び同じクラスになり、一年生のときと同じように学校からの帰り、毎日、タッちゃんを国道の向こうまで送っていた。

しかし、これからもずっとこんな毎日が続くことをいやだなと感じはじめたヒロシは、学級会の場で「当番を決めて、毎日みんなで森安くんを手伝ってあげるようにすればいいと思います」と発言し、『終わりの会』の「みなさん、さようなら」のあいさつとほとんど同時に教室を出る。逃げたと思われてもいい。走った。一旦、家に帰ったものの、おやつも食べずにすぐに野球の練習のために自転車に飛び乗る。ちゃんと練習さえ出来れば、自分は補欠になんかなりっこない。そんな思いを抱きながらも。

〈以下本文のまま〉

でも、ちっともわくわくしない。楽しくない。黒い排気ガスをはき散らしながら国道を走るトラックが思いうかぶ。タッちんのランドセルの黄色いカバーに印刷された親子連れのシルエットの絵を、そんなの今まで一度も気にしたことがなかったのに、はっきりと思い出してしまった。

お守りは、港を見下ろす丘にある金比羅宮のものだった。それもふいに思い出したことだ。プレートに書いてあったことがらでいちばん大切なのは電話番号と血液型だったんだと気づくと、自転車のハンドルがブルッとゆらいだ。

【問二】一行目「でも、ちっともわくわくしない。楽しくない。」とありますが、なぜですか。三〇字以内で説明しなさい。

【問二】最後の行「自転車のハンドルがブルッとゆらいだ。」とありますが、なぜですか。次の中からもっとも適切なものを選び、記号で答えなさい。
ア　今になってタッちんを一人で帰らせたことの危険性がわかったから。
イ　タッちんが一人でさびしそうに帰る姿を想像して、急にかわいそうに思ったから。
ウ　タッちんを一人にした自分のわがままを反省し、寒々とした気持ちになったから。
エ　ふいにランドセルの絵やお守りを思い出したことをふしぎに思ったから。
オ　野球の練習をするべきか、タッちんの所へ行くべきか、一瞬、心の迷いが生じたから。

解答は、【問一】が「(解答例) タッちんを放ってきたことが、気になってしかたがなかったから。」で、【問二】は「ア」です。

ここで、私が注目したいのは、最後から二行目「プレートに書いてあったことがらでいちばん大切なのは電話番号と血液型だったんだ」というところです。

当然、ここでは、ヒロシが万が一のこと、つまり「タッちんが国道を渡るときにトラックか何かにはねられ、出血多量の大けがをして救急車で運ばれる」という場面を想像しているということに気づかねばなりません。だからこその電話番号であり、血液型なのです。

このように、文章には明らかに書かれてはいないことも読者（受験生）が補って読み、場合によってはちょっと深読み過ぎるのではないかと思われるくらいの読み方をしていかなければいけないこともあるのです。

多くの国語の教師は「よく読めば必ず文章の中に答えかヒントが書かれているはずだ」と言います。しかし、それらの多くはどこにも直接には書かれておらず、ほとんどが間接的に書かれ、隠されているのです。とくに日本語では、すべてを言い尽くすことは野暮とされ、言い尽くさないことを良しとする傾向がありますからなおさらです。それを見つけることのできない子が「国語の苦手な子」なのです。

物語の場合ですと、「この話の面白さがどこにあるかというとね、……」などとタネあかしをすることはありませんから、直接には言っていないことを子どもが自分で感じ取らなければなりません。

もっとヒントのないのが「詩・短歌・俳句」などの韻文です。これらにはまったくといってもいいほど中心部分が直接的に表現されることがありません。

「古池や　蛙飛び込む　水の音」というわずか一七音から「静→動→静」という音の推移

を読み取るなどということは子どもにとってほとんど神業だと思います。

しかし、そこまでは求めずとも、とにかく言葉の裏に隠された意味を読み取ろう、感じ取ろうとするのが国語であることは間違いありません。有り体に言えば、「行間を読む」ということになるでしょう。

そんな国語の問題文には、③のように答えやヒントははっきり示されていないのです。それでも大人ならば、この描写がヒントになると思うかもしれませんが、子どもはそんなことには気がつきません。ですから、「文中に答えがある」と子どもに一方的に言うのは避けたほうがいいでしょう。

文章の映像化

◎同じ動作をしてみよう

たとえば、俳句「としとへば片手出す子やころもがへ」という句を読んで、「さぁ、この子と同じように片手を出してごらん」と生徒に求めます。中学生でもほとんどの子ができませんので、次のように漢字で書いてあげます。

「歳問へば片手出す子や衣替へ」

「さぁ、これでどう？　これだったらわかる？　はい、じゃ、この子と同じことをやってごらん。どういうふうに出した？」と言うと、多くの子は、最初、何か物でももらうように掌を上に向けて片手を差し出します。そのうち、「片手」が数字だということに気づいて、一本二本と指を立てて片手を出す子が出てきます。その中には「五」を出す子もいます。「五」だったら正解です。

この俳句では子どもが「五つ」と自分の年齢を教えるために片手を広げて出しているのです。

私はよく子どもたちに、文章を読むときは文章のままでなく、この俳句のように「頭の中でその内容を絵にしなさい」、「頭の中の絵を動かしなさいよ」と言います。

文章を読むという行為は紙の上にある小さな一つひとつの文字を読み手が自分の頭の中で組み立てて映像化することなのです。この「映像化」という作業が文章を読むときにもっとも大切なことなのです。

しかし、国語の苦手な子はなかなかこれができません。注意されればそのときだけはできますが、ほうっておいたらすぐに文字だけを追っかけるようになります。

国語の得意な子はこれが自然にできるのです。できない子にはくり返しくり返し言って意識させてください。

◎絵を描こう

次の文章を読んでください。


大林も自分がもっていた手ぬぐいをとり出し、みんなが出した手ぬぐいのはしとはしをしっかり結びはじめた。

みんなは大林の父が山林労働者としてとびぬけて腕のよい人であり、その父につれられてときどき仕事の手伝いに行っていることをよく知っていた。だから山のことは大林がもっともよく知っている。彼なら……、と思う気持ちと、いくら彼でも……と、思う気持ちが交錯し複雑な表情でじっと大林の動作をみつめていた。

しかし、敬一一人だけはいくら大林でもぜったいにのぼれまいと思っていた。いや、敬一がのぼる前に、だれであれこの大木にのぼることはあってはならないことであった。やがて大林が「やっぱりだめだ！」と言いながら頭をかきかきもどってくることを考えながら、そうなったらしっかりしたつるを見つけて、自分がのぼってやろうと思っていた。

　こうしているあいだにも大林はみんなの出した手ぬぐいを三、四本しっかりとつなぎ、その木の下へ行って靴をぬいだ。そして円周が三メートル以上もあるかと思う大木の回りに先ほどの手ぬぐいをまきつけ、手につばをつけて、木にだきつきながらその両はしをしっかりと持った。こうすればいくら太い幹でも人間が長い手でだきついているのと同じことである。敬一がこの木にのぼれない理由は幹にだきつけないからだ。それ以外の理由はなにもなかった。大林は、

「よいしょ」

とかけ声をかけて手ぬぐいのはしを持った両手首を使ってポイと手ぬぐいを上へ投げ上げ、幹の上のほうへ手ぬぐいを引っかけ、今度はその手ぬぐいを引くようにしてからだをうかせ、背伸びをするようにしてまず第一歩をのぼった。そして両手首をポイと上へ曲げて手ぬぐいを投げ上げ、手ぬぐいにつかまって背のびをしてからだをずらし、また一歩のぼった。

敬一は大林のからだがこうして確実に上へ行くのをじっとながめているだけだった。足もとにポッカリ穴があき、ゆっくりとその穴の中に落ちこんでいくような気持ちだった。大林のからだが雲の上までものぼっていくように思えた。

子どもたちがこの文章を読んだあと、私の授業では子どもたちに次のような話をします。

「わかりましたか、文章の内容は。大林くんという子が大きな木に登っているんだよね。それを敬一君をはじめ何人かの仲間がじっと見ているんだよね。大丈夫かな、そこまでは？　わかってますか？（間）はい、それではいったんテキストを閉じてください。これから絵を描いてもらいます。大林くんが木に登っているんだけど、さて、彼はどんな方法で登っているのでしょう？　その方法がわかるように、彼が木に登っている場面の絵を描いてください。へたくそでもなんでもいいからね。棒人間でもいいよ。でも、あんまり時間はかけないで速く描こうね」

次頁の絵は、小学六年生のあるクラスの子たちが描いた絵です。

手ぬぐい

つる
手ぬぐい

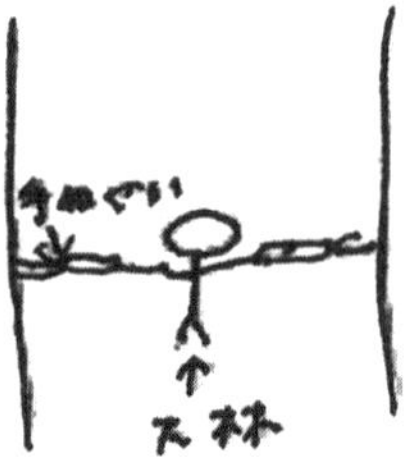
手ぬぐい

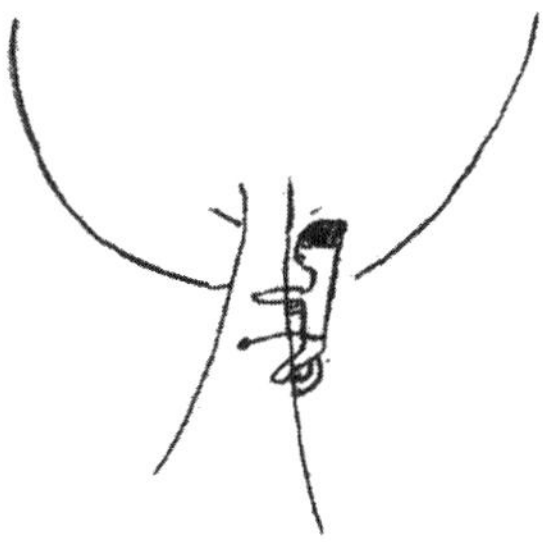

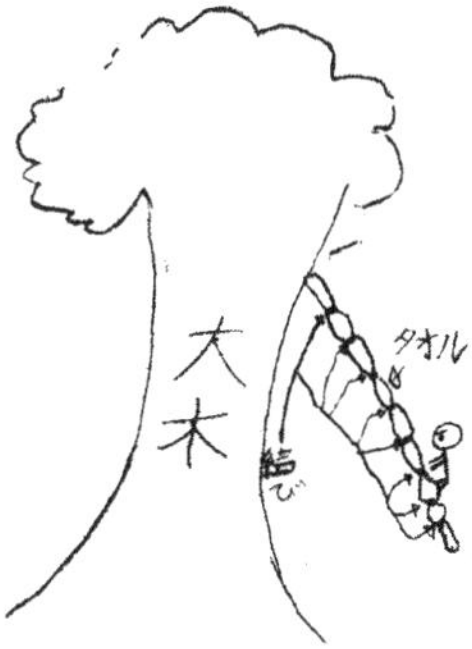
大木
タオル
結び

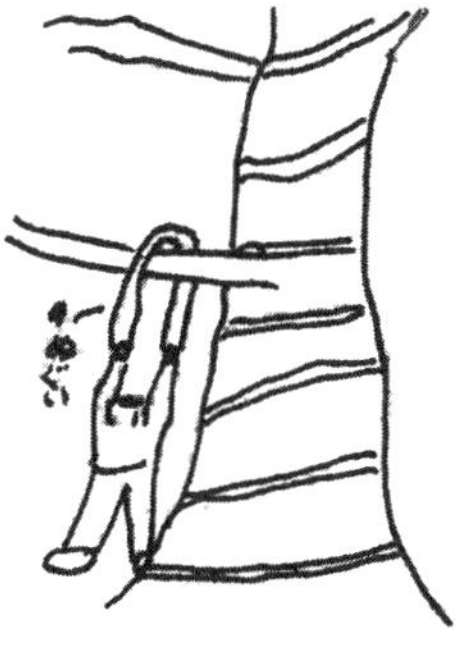

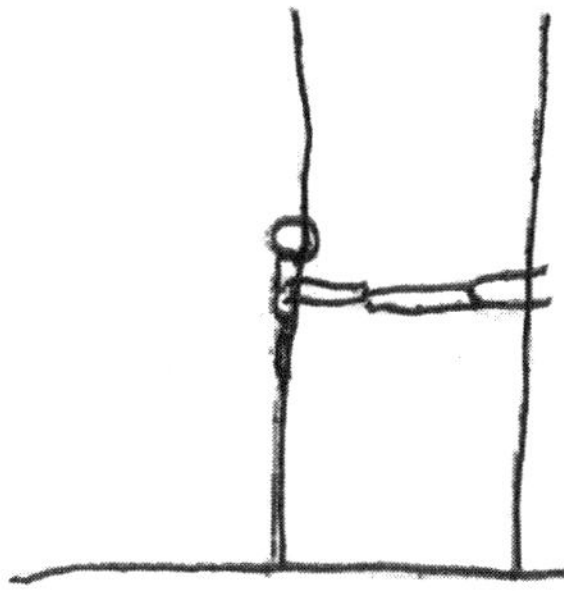

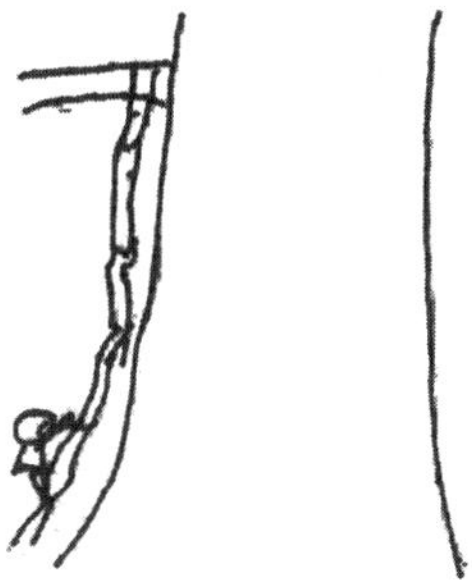

ぜひこの文章を読んで、小中学生のお子さんには絵を描かせてみてください。正しく絵が描けるようであれば、まずは一安心です。

私の担当している生徒はなぜか手ぬぐいが梯子状になっていたり、枝に手ぬぐいを引っかけてまるで首吊りでもするかのような絵を描いていたりといろいろでした。なかには手ぬぐいがわからないため、まったくお手上げの子もいます。

ここでは、テキストを閉じ、文章を見ないで描いてもらいましたが、もしそれではできないというのであれば、もう一度文章を読んでもらって描くようにすればいいと思います。それでもまだ無理であれば、文章を見ながら描くというようにするといいでしょう。

このように絵を描くということは、小学生が物語文をどれだけ理解しているか、どれだけ頭の中で映像化しているかということを私たち大人が的確に把握することのできる最高の方法だと思います。

文章によっては家族・親戚関係の人間関係図（系図）を書いてもらうこともありますし、前述した俳句のように実際に文章に書かれていたことを身振り手振りでやってもらうこともあります。

当たり前のことを当たり前にできるように

◎受験で失敗するパターン

国語の入試問題で一〇〇点を取ることは、至難の業どころではありません。まず不可能です。もちろんそれを目指してやることはいいのですが、実際には一〇〇点は取れません。しかし、入試では一〇〇点なんか取らなくてもいいのです。それは合格最低点を見れば一目瞭然です。学校によってもちろん合格最低点は異なりますが、だいたい六割から八割取ればなんとか合格ラインに引っかかるのではないでしょうか。ですから、その程度の得点をすればいいのです。

入試問題には絶対にできないような問題が含まれています。正解率五％の問題であっても、そのうちの半数はまぐれだったりしますから、ほとんど一〇〇％に近い確率でバツになってしまう問題というのは必ずあるのです。

そんな問題はできなくてもかまいません。それができなかったら不合格になるということはありません。

では、不合格になるのはどんなパターンでしょうか。

そうです、もうおわかりだと思いますが、できるはずの問題、できないといけない問題を落としてしまうことです。

そのような問題は受験生のだれもができる問題です。そこでミスであれ何であれ、得点できないとそれだけでハンデを背負っていることになります。

そこで追いつくためには、みんなができないような難問で自分だけできないといけません。しかしそのような難問が自分だけできるなんてことはありえませんし、もし仮にあったとしても、それができてようやくミスを帳消しして他の受験生と並ぶことができるだけなのです。せっかく他のだれもができないような問題ができても何らアドバンテージを与えられず、ミスを帳消しにできるだけなのです。こんなもったいない話はありません。

それに、そもそもそんなうまい具合に他の受験生ができないような難問を自分だけができるなんてことはありえません。結局、当然できないといけない問題で落とし、難しい問題でも得点できないことになり、もう点数になるところがありません。結果、不合格となるのです。

もちろん、入試は、できるところを確実に取っても、それだけで合格に結びつくかどうかはわかりません。受験する学校の違いや、他の受験生の成績も影響します。国語ができても他教科の結果も考慮しなければいけませんから、単純ではありません。

それでも、「得点できるはずのところできっちり得点する」ことができれば勝負になることは間違いありません。

◎質問にぴたりと合わせて答える

国語の苦手な子がやってしまうミスでもっとも多いのがこの「質問にぴたりと合わせて答える」ということです。これができないのが国語の苦手な子の共通点でもあります。「どうしてですか。」と質問されているのに、「〜こと。」と答えてしまったり、「どういうことですか。」と質問されているのに、「〜から。」と答えてしまったり。

これがきちんとできる子だったら偏差値五〇を切ることはまずありません。

日常会話の中で、子どもが質問されたことにぴたりと合わせた答え方ができなくても、たいていの大人は先回りをして理解をしてあげます。塾や学校の先生だって、内容が合っていればだいたいそれでよしとしてしまいます。そのため、いつまで経っても子どもは質問に対してきちんと答えることができるようにはなりません。

私の通信講座では、この点に関してはきびしく指導します。答え方が質問に合っていないときは、どんなに内容がよくても無条件でやり直しです。これさえできるようになれば、ぐんと点数が伸びるからです。

◎何よりも「普通」が大切

国語ができるようになるためには、「普通である」こと、または「普通がわかる」ことが求められます。

実際には、あらゆる面において、人それぞれが「普通」と考える基準は異なっているものです。しかし、ここでは「より多数の人々」が標準的であると考えるもの、それを指すこととします。

それでは、とくに国語に関して、どのような点で「普通」が求められるのかというと、これは日頃の発言や行動あるいは心情に至るまで「あらゆる点」においてと答えるしかありません。

深夜寝入っているであろう知人宅に電話をかけるのは失礼だと考えるのも「普通」ですし、消しゴムを借りたら返すのも「普通」です。会社を無断欠勤しないのも「普通」ですし、知人の訃報に接すればショックを受けたり、悲しく感じたりするのも「普通」です。ですから、国語ができるために求められる「普通」は、このように大多数の人が考えるであろうことです。

私はよく親御さんに「あの子は普通のことが普通にできるので全然心配はいりませんよ。いずれ頭角をあらわしてくると思いますよ」と言います。そうなのです。**普通のことが普通にできる、それだけで国語はできるようになります。**

しかし、残念ながら「国語の苦手な子」はそれがなかなかできないのです。

私がこう言うと、「それくらいのことなら誰でもできる」と思われるかもしれません。ところが、当たり前のことが当たり前にできないと言って子どもを叱っている親は意外に多いものです。

難しいことはできなくてもいいのです。たとえば、何かで遊んだら、最後にそれを片づけるのは普通ですが、たったそれだけのことでもなかなかできない子が多いのです。

普通のものの考え方ができる子は文章を普通に正しく理解することもできますし、指示されたとおりに普通にできる子は答案用紙も普通に正しく書けます。ところが、右に行きなさいと指示しているのに右に行けない子がとても多いのです。

◎国語問題で求められる「普通」とは

「この文章を三つの段落に分け、第一、第二段落の最後の五文字をそれぞれ抜き出しなさい。句読点も字数に含めます。」などという問題がよくあります。

このとき、生徒がよくやってしまう失敗は第二、第三段落の最初の五文字を書いてしまうのです。「最後を抜き出せ」と指示されているのに、「最初」を抜き出してしまうのです。また、「抜き出せ」と言われている以上、本文のとおりに抜き出すべきであり、漢字をひらがなにかえたり、勝手に一文字付け加えてしまったり、あるいは省略したりということはできません。そして、最後に「句読点も字数に含める」とあるのですから、それも一字として数えなければなりません。

このようないくつかの条件にぴたっと合わせて答案は書かなければならないのです。それを「普通」にできることが求められます。

これは、私がある高校で教えていて実際にあったことなのですが、小さな長方形の白紙を配布して、「縦長に使って、縦書きで書いてください」と言い、黒板に縦長の長方形を書きました。しかし、生徒が各自答案を記入した後、回収してみると、横長で横書き、縦長で横書きなどさまざまでした。
こんなこともありました。
(1)か(2)のどちらかを選んで一つだけ解答しなさいとくり返し言い、黒板にも「(1) or (2)」と書いたのですが、これも両方書いている生徒が数人いました。このように「普通」のことが「普通」にできない子はけっこういるものなのです。
もちろん、たまたま「話をちゃんと聞いていなかっただけ」という生徒もいるかもしれませんが、とくに小学高学年～中学生の場合にはこのようなことは本当に頻繁に起こるのです。「縦にしなさい」と言われても縦にできない（縦にしない）子、縦書きで書きなさいと言われても、それができない（しない）子が本当に大勢います。

これを読んでいただいている方のお子さんで、そのようなことがなく、うちの子は「普通のことが普通にできる」とお思いの方がいらっしゃれば、その子はおそらく国語を苦手としてはいないのではないでしょうか。「国語の苦手な子」は、ちょっとしたところでついついこれをやってしまうのです。

◎「普通」から選択肢を選ぶ

数年前のゴールデンウィーク中でしたが、私は大リーグ中継をテレビで見ていました。マリナーズ対ヤンキースの試合で終盤にマリナーズのH投手が登板しました。外野スタンドのあたりの投球練習場から小走りでグラウンドに姿を現したH投手の表情は、自信に満ちていました。

（ここからは作り話です）

ここで颯爽とマウンドへと向かうH投手ですが、大観衆の注視する中、彼は足をもつれさせ転んでしまいました。観衆は大爆笑！

さて、ここで問題です。

このときのH投手の心情としてもっとも適当なものを次の中から一つ選びなさい。

ア　多くの人の前でこけてしまい、恥ずかしい。

イ　多くの人の前で目立つことができて、うれしい。

ウ　多くの笑った人たちに対して、腹立たしい。

エ　自分のぶざまな所作に対して、情けない。

答えとしてはどれがふさわしいと思いますか？

私は、人の感情はさまざまですから、どれも考えられると思います。どれも、決して間違いではないでしょう。

しかも、本当のことはH投手本人に聞いてみない限り、わからないのかもしれません。しかし、選択肢には「本人に聞かないとわからない」というものはありませんから、ア～エのどれか一つに決めないといけないのです。

道を行き交う人たちがどう答えるか、アンケートをとったわけでもありませんから、ア～エの各選択肢がそれぞれ何パーセントずつの割合になるかはわかりませんが、やはり「ア」が圧倒的に多いのではないでしょうか。

つまり、国語の選択肢問題では、より多くの人々が「普通」だと感じるもの、それが正解となるのです。ですから、選択肢問題には「次の中からもっとも適当なものを一つ選び……」とあります。この「もっとも適当なもの」とは、言い換えれば「適当なものはいくつかあるかもしれないけど、その中で一番いいと思われるもの」ということです。

さらに言えば、この問題に向かっている生徒自身の心情、考えなどは問題ではないのです。ここでは登場人物（H投手）の心情を問題にしていながら、実際はそれを考えさせるのではなく、多くの一般の人たちはどう考えるかをたずねている問題だと言えます。ですから、一般とは少し異なる個性的な考えをする子は選択肢問題で苦労することもあるということになります。

得点できない原因の多くはここにある

◎なぜ正解が出てこないのか

国語で得点できない生徒の多くは、まだ文章が理解できていないのに、問いに答えることばかりに焦ってしまいます。それが、得点できない大きな理由ですが、では仮に本文が理解できているとしましょう。それなのにもし得点できていないとしたら、その原因は簡単です。そうです、設問がわかっていないのです。**設問が理解できていないのです。**

私がスカイプを使って指導しているとき、ある質問をすると子どもは考えはじめ、しばらく沈黙が続きますが、数十秒経っても返答がないと、私は考えるのをやめてもらいます。それは、黙って子どもは考えているようですが、実は問題用紙とにらめっこしているだけで実際には考えていないからです。それは雰囲気でわかります。

だから、聞きます。「ところで、僕からの質問は何だったっけ？」と。

するとたいていの子は答えることができません。そして「忘れました」と言います。

このように、考えているかのようにみえていた時間は、実は質問を忘れてなんだかわからないまま問題用紙とにらめっこしていただけの時間だったのです。それでは正解が出てくるはずがありません。もし何かを答えたとしても、その答えが合っているはずがありません。

つまり、子どもは本文に何を探しているのかもわからないまま探しているのです。そしてそこそこ時間が経ったところで適当に「エイヤッ！」と当てずっぽうに、そこら辺の目についた言葉を使って答えますが、そんな答えが当たるはずもありません。

そんなとき私は、探し物が何だかわからないのに、引き出しをあけてゴソゴソと何かを探そうとしているようなものだとたとえます。それでも何となく探していると、たまたま「あっ、これはこんな所にあったのか！　ずっと探してたのに！」などと本来の目的のものとは異なるものを手にすることはあるかもしれません。

質問を忘れて答えを探している子どもというのは、こんな感じだと思います。

あるいは、こうも言えます。

お使いを頼まれ、スーパーに買い物に行ったものの、何を買うように頼まれたかを忘れてしまい、とにかく何でも適当に買ってみる。この場合、頼まれたものと買ったものがピタリ一致する確率は果たして何パーセントあるでしょうか。

結局のところ、国語を苦手とする子の場合、多くがこのパターンに当てはまります。つまり、設問で結局のところ何が問われているのかを理解していないのです。問われていることがわかっていないのに、答えを出そうとしているのです。まともな答えが出てくるはずもありません。

たとえ本文の内容を理解できていたとしても、設問をいい加減に読んでいるかぎり決して得点にはなりません。

「よく文章（本文）を読め！」とは昔から耳にたこができるほどに聞かされた言葉ですが、それだけでは不十分なのです。それよりも、「設問をよく読め！」のほうが大切かもしれません。

もしお子さんが、文章の内容はよく理解できているのにうまく答えられないとか、文章の内容を詳しく解説してあげるとわかっているようなのに、自力で設問の答えを出せないとしたら、**「文章をよく読む」と同時に「設問をよく読む」**よう指導してあげてください。

◎問いにはじまり問いに終わる

とくに記述問題の場合は問いをきちんと押さえないと、ずれたことを答えてしまいます。たとえば、私が高校生の定期考査に出題した問題に「(美しい五色の鹿が）毛の色を恐れるとはどういうことですか」という問いがありました。これに対して、「人間に殺されてしまうから。」と答えた生徒がかなりの数いました。

確かに「美しい五色の鹿」ですから、目立つでしょうし、人間に見つかると、自分の美しい毛のせいで捕らえられ殺される確率も高いでしょう。だから、「五色の鹿」は人間を恐れていると考えることはできます。

しかし、ここでは、そんな「恐れている理由」を聞いているのではありません。それは「どういうことですか」とたずねているのです。なのに、早とちりして、恐れる理由を答案に書いてしまう子が何人もいました。

この場合は「どういうことですか」という質問ですから、答案の最後は必ず「こと」でなければなりません。正解は「鹿自身の美しい毛のために殺されるのを恐れるということ」となります。

そのほかにも、「どんな人ですか」と問われたら「～人」と答える。「どんなところですか?」と問われたら「～ところ」と答える。「どこで何をしましたか」なら「～で～をした。」と答える。「誰に対するどんな感情ですか」という質問なら「～に対する～な感情」と答えるといったようなことです。

このように答案の文末を確認するため、記述問題でも書き終わる前に必ず、私は設問をもう一度見るように指導しています。これがしっかりできるかどうかも、国語を得意とする子と苦手とする子の大きな違いのひとつです。

ちなみに、私は、子どもの宿題、とくに文章問題を親が見てあげることには基本的には反対です（語句の意味を教えてあげることは必要です）。しかし、「答え方」が正しいかどうか、質問に合った答え方をしているかどうかをチェックしてあげることには反対しません。

◎言葉を最後まできちんと言う習慣が大切！

問いで質問されたことをきちんと答えられない子のイメージは、「ゴミ箱にきちんとゴミを入れず、その周辺にぽんぽんと投げ捨てているだけ」という情景を想像してもらうとわかりやすいと思います。

ゴミはゴミ箱にきちんと入らず、その周辺に投げ散らかされている。あるゴミはゴミ箱のすぐ近くに、あるゴミは遠く離れたところに落ちている。それと同じで、問いで質問されたことに対してきちんと答えることをせず、とにかくそれに近いであろうことをぽんぽんと投げ捨てているだけ。中にはたまたまゴミ箱に収まるものもあるが、ほとんどがきちんとゴミ箱に入っていない。こんなイメージなのです。

入学試験では、やはりきちんとゴミ箱に入れてあげる必要があります。「どうしてお兄ちゃんのおやつまで食べたのですか。」と聞かれれば「お腹がすいてた。」ではなく、「お腹がすいていたから。」というように文末まできちんと答えなければならないのです。

それには、**普段の言語生活が大切**です。子どもが最後まで話し終わらないうちに親が先回りをして理解してあげていると、いつまでたっても言葉を最後まできちんと言うという習慣が身につきません。これは親の責任です。

◎条件に合わせて答えよう

神奈川県の県立高校入試に次のような設問がありました。

【問い】（傍線部）「味わうことによって創造に参加する」とあるが、作品を鑑賞することでどうして創造に参加できるのか、この文章の最後の段落から読み取って答えなさい。ただし、次の⑴⑵の条件を満たし、句読点を含めて三五字以上四〇字以内の一文で書きなさい。
⑴〈作品を鑑賞することで、〉という語句で書き出し、〈できるから〉という結びで終わること。
⑵〈自分自身〉〈創造〉という二つの語を必ず用いること。

なんと「条件」の多い問題でしょう！　この手の問題は決していい問題とは言えませんが、ここでは例として取りあげるのに適していましたので挙げてみました。

さて、ここにはいくつの条件が付されているでしょう？　確認してみます。

①最後の段落から読み取ること。
②〈作品を鑑賞することで、〉という書き出しにすること。

③〈できるから〉で終わること。
④〈自分自身〉〈創造〉という二語を必ず用いること。
⑤三五〜四〇字で書くこと。
⑥一文で書くこと。
⑦字数は句読点を含めて数えること。

以上、七つの条件が付されています。

入学試験では、このような条件に合わせて答えないと、あれこれと減点されてしまい、最後にはここの問題での得点はゼロということにもなりかねません。

この問題は少し極端ではありますが、しかし、常に設問には条件が付されていると考えてよいでしょう。その設問にきちんと合わせて答えることも、これまで述べてきた「普通」にできることの一つなのです。

ぜひお子さんにも、この設問の部分を読んでもらってください。そのあと、本を閉じ、「さて、問いは何だった?」と聞いてみて、設問の条件も含めてどれくらい問われていることを把握しているか確認してみてください。

◎せっかくわかっているのに得点できない悔しさ！

「本文を三つの段落に分け、第一、第二段落のそれぞれ最後の五文字を記しなさい」とあるのに「第二、第三段落の最初の五文字」を書いてしまう子がよくいるということは前述しました。

私は塾で指導している受験生がこの手の間違いをしてしまうと悔しくてなりません。なぜなら、彼らには正解がきちんとわかっているからです。わかっているのに得点にならないのです。正解の箇所がわからない子であれば、まだ読解力がそこまで達していないということですから、あきらめもつきます。

しかし、せっかく正解の箇所を見つけるだけの読解力がありながら、結果的に×になってしまうというのは悔しくてならないのです（しかし本当は、私より、この手のミスをしてしまった本人のほうが悔しがらないといけないのですが）。

見方を変えれば、仮に得点にはならなくても正解の場所（段落の分かれ目）がどこだかわかっているということは、それだけ読解力があるのだからよしとすべきだという考え方もあるでしょう。しかし、やはり、塾に通い、受験での合格をねらっている子には、読解力だけでなく得点力というものも求められますので、やはりこの手の問題ではミスなくしっかり得点してほしいと思います。

その他にも、よくある間違いに次のようなものがあります。

①選択肢問題で選ぶのは「一つ」か、「二つ」か、「すべて」か。
②選択肢問題で選ぶのは「正しいもの」か、「誤っているもの」か。
③本文中の語を使っての説明か、それとも本文中からの抜き出しか、あるいはまた自分で考えて答えるのか。

このなかでも、もっとも多いのが②のタイプです。

ずっと「適当なものを選びなさい」という問題が続いているのに、その中にさりげなく「適当でないものを選びなさい」というのが入っていることがあります。

そんな場合は、ほとんどといってもいいくらいに間違えますね。

もっとも最近は学校側でも、そんなケアレスミスのないように、そこだけゴシック体にして注意をうながしたり、あるいは傍点をつけたりしているところも増えている気がします。しかし、依然として何の印もなく、「適当なものを選びなさい」と「適当でないものを選びなさい」を混ぜている学校があるのも事実です。そんな学校は、慎重な子、注意力のある子を求めているのでしょうか。決して正しい方法だとは思いませんが、現にそんな学校が未だにあるのですから、私たちとしてはそこに引っかからないよう注意するしかありません。

その対処の方法としては、普段から問題を解くときに設問に印をつけながら解く癖をつけておくといいでしょう。

「テストの点数をすぐに二〇点上げる五つの方法」は以上ですが、お子さんが、ここにあげたようなところで点数を落としていないかチェックしてみてください。要約文学習法で国語力そのものをアップさせながら、こうしたところを押さえていくと大幅な偏差値アップも可能であると確信しています。

あとがき

私は東京・神奈川の大手塾で二五年以上にわたって中学受験生から大学受験生まで数多くの受験生を指導してきました。「はじめに」にも書いた通り指導した生徒は受験生で一五〇〇人以上、非受験生も入れると五〇〇〇人くらいにはなるのではないかと思います。

長年指導してきて、算数・数学はできるが国語はからっきしできないという生徒を数多く見てきました。そんな子を私の経験でなんとかしてあげたいという思いからそれをライフワークと決め、今ではインターネットを利用して日本全国の、あるいは海外の国語の苦手な生徒の手助けをしています。

国語力はすべての教科の土台となるということがよく言われます。算数や数学では計算問題は正解できるのに文章問題は苦手だとか、英語では意味のよくわからない和訳をするとか、あるいは理科、社会では問いの意味がわからないなど、国語力不足が原因で他教科も伸び悩むということがよくあります。

また、本編にも書きましたが、国語力をつけることは、将来社会人になっても必要な力「生きていく力」を身につけることに直結していると考えています。

国語力をつけるとそれは「一生の宝」になるといっても過言ではありません。そのための最良の方法がこの本の中心部分である「要約文学習法」なのです。

国語の得意な生徒は答え探しのような受験テクニックを身につけているわけではありません。真の実力があるのです。今は国語が苦手で苦しんでいる子もぜひこの要約文学習法を実践して、小手先の受験テクニックではない本物の実力を身につけてほしいと思います。

もちろん苦手を克服するには苦労や忍耐が必要です。らくで楽しいことばかりではありません。しかしその試練はきっと子どもたちの人生にとって有益なものとなるはずです。この学習法がいいと聞いたらこれをやり、あの学習法がいいと聞くとあれをやるといった「国語難民」には決してならないでください。ただひたすらこの要約文学習法一本に絞って学習を続けたならば、成績は目に見えて向上していくことでしょう。

一人でも多くの子どもたちがこの学習法によって真の国語力を身につけることを願っています。

最後に、私事ではありますが、病床にいた父にこの本を手にとってもらいたかったのですが、残念ながらそれはかないませんでした。放蕩息子もこのような本をまとめることができました。両親に感謝します。ありがとう。

要約力を鍛えるとどんな子も「本物の国語力」が身につく

2013年5月16日　第1刷発行
2017年11月10日　第5刷発行

著　者――――野田眞吾

発行人――――杉山　隆

発行所――――コスモ21
〒171-0021　東京都豊島区西池袋2-39-6-8F
☎03（3988）3911
FAX03（3988）7062
URL http://www.cos21.com/

印刷・製本――日経印刷株式会社

定価はカバーに表示してあります。

ISBN978-4-87795-261-7　C0037